그림으로 배우는
사주통변실례 ②
(신약격)

머리말

　『사주통변실례 ①』을 접한 독자들로부터 많은 격려 전화(電話)를 받았다. 그 격려 속에는 감사의 정(情)이 담겨 있었기에 본인의 부족한 점이 많이 감춰지는 것 같아서 고마웠다. 부끄러운 졸작(拙作)이었음에도 뜨거운 관심과 격려를 보내주신 많은 분들에게 감사드린다.

　이번에는 신약격(身弱格) 사주를 설명해 봤다. 『사주통변실례 ①』에서 설명한 신왕격 사주와 이 책에서 설명한 신약격 사주를 제대로 통변할 수 있게 된다면 기타 사주의 통변도 얼마든지 가능하다고 확신한다. 본인의 설명이 잘 이해가 되지 않으신 분은 졸저 『그림으로 배우는 사주원리』를 차분히 복습해 주시기 바란다. 여러분의 학문적 발전을 기원한다.

항상 따뜻한 애정을 배풀어 주신 진욱상 사장님과 제일물산 채의석 이사님, 지도 편달해 주신 대한현공풍수지리학회 최명우(崔明宇) 회장님과 언제나 다정한 〈황전 45회〉 친구들, 그리고 편집부 여러분께 감사드린다.

독자 여러분들의 행운과 건승을 기원한다.

무자년 초여름
김 춘 기

차 례

제1장 명(命)보기

제2장 운(運)보기

제1장　명(命)보기

1. 사주뽑기

명(命)보기는 사주의 주인인 일주(日主)와 십신(十神)의 짜임 및 역량, 그리고 역할에 대하여 알아보는 과정이다. 8개의 오행(五行)을 소재로 활용하여, 운(運)에 따라 변하는 여러 가지 모습과 현상을 보여 줄 기본적(基本的)인 풍경화를 그리는 작업이라고 말할 수 있다.

풍경화 그리기에는 획일화(劃一化)된 정답이 없다. 화가(畵家)의 인격과 예술적인 창의력, 관점(觀點)에 따라 다양한 풍경을 보여주게 된다. 그래서 학자에 따라 통변의 색깔이 약간씩 달라지게 되는 것이다.

사주 뽑는 과정에서 발생할 수 있는 오류를 줄이기 위해서는, 명(命)보기를 시작하기 전에 연간(年干)을 기준으로 하여 월주(月柱)가 제대로 뽑혔는지, 일주(日主)를 기준으로 하여 시주(時柱)가 제대로 뽑혔는지 확인하는 습관을 가지는 것이 좋다. 그 요령은 「통변실례 ①」에서 설명한 바 있으니 참고하라.

명보기를 시작해 보자.

사주는 癸酉년 己未월 乙巳일 丙戌시이다.
지장간은 정기(正氣)에 해당한다.

시	일	월	년
+火상관	-木日主	-土편재	-水편인
丙	乙	己	癸
戌	巳	未	酉
+土정재	+火상관	-土편재	-金편관
辛丁戊	戊庚丙	丁乙己	庚辛

木	火	土	金	水
1	2	3	1	1

사주를 뽑으면 신왕(身旺), 신약(身弱)과 오행의 희기(喜忌)를 판별할 수 있도록 오행의 개수를 먼저 파악한다. 일주(日主) 오행에는 ○ 표시를 해서 다른 오행과 구별해 두고, 지장간(支藏干), 십신(十神) 등을 적어 둔다.

乙木 일주가 편재(偏財)의 계절인 未월에 태어났다.

乙일생의 未월은 왕·상·휴·수·사 가운데 수(囚)에 해당하기 때문에 일주(日主)가 쇠약해질 우려가 많다.

乙木 일주를 포함한 木 비견·겁재는 딱 1개이니 일주가 허약한데, 木을 생조(生助)해 줄 인성(印星) 水 역시 딱 1개뿐이다.

일주에 대한 생조(生助)는 부족하고, 乙木 일주를 극설(剋洩)하는 火·土·金 오행은 6개로서 막강하니 꼼짝없이 신약격(身弱格) 사주가 되고 말았다. 재성(財星)에 해당하는 土가 3개로서 가장 많으니 전형적인 '재다신약격(財多身弱格)' 사주라고 말할 수 있다.

오행이 가려졌으니 그 길흉(吉凶)을 판별해 보자. 이 사주는 木·火·土·金·水를 모두 갖춰 오행주류하고 있으니 용신(用神)이 곧 참신(讖神)이 된다.

① 길신(吉神)

　　가. 참신(讖神) : 최고의 길신(吉神)

　　나. 용신(用神) : 日主를 크게 돕는다

　　다. 희신(喜神) : 日主를 돕는다

② 흉신(凶神)

　　가. 기신(忌神) : 참신, 용신, 日主를 크게 괴롭힌다

　　나. 구신(仇神) : 기신(忌神)을 부추긴다

　　다. 한신(閑神) : 길흉(吉凶)작용이 바뀌는 '이중간첩'이다

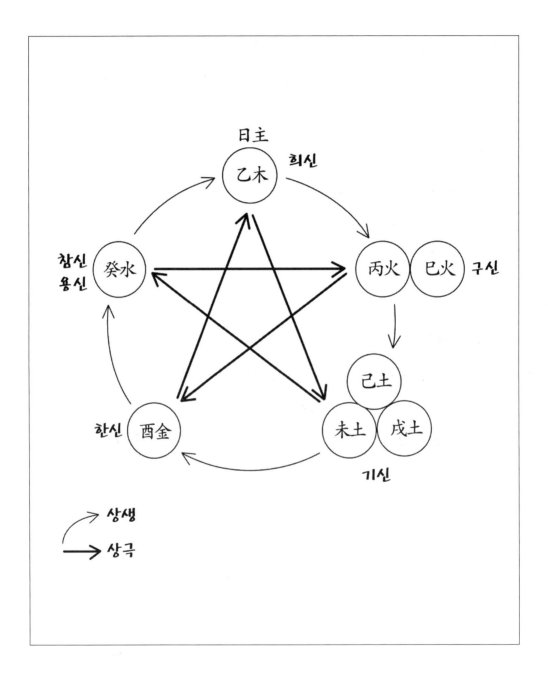

통변을 위해서 1차적으로 오행의 개수를 기준으로 길흉을 판별한다. 판별은
① 기신, ② 구신, ③ 용신, ④ 희신, ⑤ 한신의 순서로 한다.

① 기신(忌神)

신약격(身弱格) 사주이니 사주를 신약(身弱)하게 만든 오행이 최대 흉신이다. 土가 제일 많아서 신약격 사주가 되었으니 土가 기신(忌神)이다.

② 구신(仇神)

土 기신(忌神)을 화생토(火生土)로 부추긴 火가 구신(仇神)이다.

③ 참신(讖神), 용신(用神)

신약한 乙木 일주를 지원해 주고, 단단한 기신(忌神) 土를 부드럽게 달랠 수 있는 오행이 최대 길신이 된다. 수생목(水生木)으로 일주 乙木을 생조(生助)해 주고, 토극수(土剋水)를 유발하여 기신 土의 기세를 설기(洩氣)시키는 水가 참신(讖神)이고 용신(用神)이다.

④ 희신(喜神)

막강한 土 재성(財星)을 목극토(木剋土)로 토벌할 수 있는 일주 乙木이 희신(喜神)이다.

⑤ 한신(閑神)

토생금(土生金)을 유발하여 막강한 土 기신(忌神)의 기세를 설기(洩氣)시키면서도, 한편으로는 금극목(金剋木)으로 신약한 일주를 극벌(剋伐)하는 이중간첩 金이 한신(閑神)이다.

겉보기

　이 사주는 일주(日主)가 신약하기는 하지만, 木·火·土·金·水 다섯 가지 오행을 모두 갖추고 있는 오행주류격(五行周流格) 사주이다. 농부(農夫)가 영농(營農)에 필요한 농기계를 모두 다 갖추고 있는 셈이다.

　각각의 농기계가 제대로 작동을 하는지는 아직 잘 모르지만 설혹 그 성능이 불량할지라도 농기계가 없는 것보다는 있는 편이 훨씬 낫다.

　어떤 상황이든 항상 자신의 역량을 분명하게 발휘하기 때문에 무시해도 좋을 오행은 없다.

실속

통변할 때에는 비교기법(比較技法)을 활용하면 효과적이다.

오행의 개수를 기초로 구분한 '희용기구한'은 겉보기를 의미하고, 성능 검사는 실속, 실제(實際)를 의미하므로 겉모양과 실속을 비교하면 통변하기가 훨씬 쉬워진다.

사주의 모든 정보는 통변 자료로 활용하게 되므로 면밀하게 분석해서 잘 기억하고 있어야 한다.

겉보기가 끝났으니 성능 검사를 해 보자.

2. 오행의 역량 분석

☞ 간지(干支)의 역량 분석 기준은 『통변 실례 ①』을 참고하기
바란다.

시	일	월	년
+㉠상관	-㉢日主	-㉯편재	-㉱편인
丙	乙	己	癸
戌	巳	未	酉
+㉯정재	+㉠상관	-㉯편재	-㉮편관
辛丁戊	戊庚丙	丁乙己	庚 辛

㊍	火	土	金	水
1	2	3	1	1

木

먼저, 일주(日主) 乙木의 역량을 분석해 보자.

① 음목(陰木)이니 그 역량이 작다.

② 월지 未의 지장간 丁·乙·己 중 乙에 통근(득령)하였으나, 乙은 정기(正
氣)가 아니라 역량이 작은 중기(中氣)에 불과하기 때문에 일주를 지원하
는 역할이 미미하다. 반면에 사주 네 기둥의 모든 지장간에는 일주(日主)

를 극설하는 火·土·金 이 중첩되어 있어 일주(日主)를 끊임없이 괴롭히기 때문에 일주(日主) 乙木은 더욱 허약해진다. 사면초가(四面楚歌)라고 말해도 지나치지 않다.

③ 같은 오행(木)을 지닌 비견·겁재가 없기 때문에 일주의 역량은 증가하지 않는다.

④ 연간 癸水 1개가 乙木의 역량을 키워주고 있는 반면에, 乙木 일주(日主)를 극설(剋洩)하는 火·土·金 오행은 6개나 있기 때문에 일주(日主) 乙木의 역량은 바닥이 보일 정도로 줄어든다.

⑤ 일주(日主) 乙木의 역량 증감(增減)에 영향을 주는 합(合)은 없다.

⑥ 木을 충(沖)하는 오행은 없다.

성능 검사 결과, 일주(日主) 乙木이 확실하게 신약(身弱)하다는 것을 알 수 있다. 낙엽 떨어지는 소리에도 놀라서 기절을 할 정도로 허약하다.

사주 내에 있는
乙과 己,
己와 癸,
癸와 丙은
어떤 관계인가?
① 간충관계
② 상생관계
③ 상극관계

삼각
관계?

시	일	월	년
+ⓕ상관	-ⓜ日主	-ⓣ편재	-ⓦ편인
丙	乙	己	癸
戌	巳	未	酉
+ⓣ정재	+ⓕ상관	-ⓣ편재	-ⓖ편관
辛丁戊	戊庚丙	丁乙己	庚 辛

ⓜ	火	土	金	水
1	2	3	1	1

 水

이번에는, 신약한 일주(日主) 乙木을 지원하는 역할을 하기 때문에 참신(용신)으로 분류되었던 水의 역량을 알아보자. 연간(年干) 癸水가 검사 대상이다.

① 癸水는 계곡 물, 이슬 같은 음수(陰水)이기는 하지만, 水를 상생 지원해 주는 酉金을 지지에 깔고 앉아 있기 때문에 癸水의 역량은 결코 작지 않다.

② 연지 酉의 지장간 庚·辛, 일지 巳의 지장간 庚, 시지 戌의 지장간 辛 등은 모두 癸水의 인성(印星, 정인·편인)에 해당하는 응원군이기 때문에 癸水의 역량이 어느 정도는 보존된다.

③ 癸水를 생조하는 酉金과 金 기운을 지닌 지장간이 제법 많이 존재하기는 하지만, 응원군이 강(强)하다고 해서 출전 선수가 강(强)하란 법은 없다.

金의 지원이 있긴 하지만 본성적으로, 우선적으로 水를 극하는 土가 막강한 사주이니, 水의 역량이 대폭 감소하게 되는 것은 불을 보듯이 뻔한 이치이다.

④ 癸水가 관련된 천간(天干)의 합이 없으니, 합으로 인한 癸水의 역량 변화는 없다.

⑤ 월간 己土가 癸水를 극하므로 癸水의 역량이 작아진다. 이런 경우를 흔히 간충(干沖)이라고 하는데, 이를 엄밀하게 말하자면 충(沖)이 아닌 극(剋)으로 봐야 옳다.

성능 검사를 해보니 일주(日主) 못지 않게 참신(용신) 癸水도 허약하다는 것을 알 수 있다. 이왕 말이 나온 김에 충(沖)과 극(剋)을 간단하게 살펴보고 넘어가기로 하자.

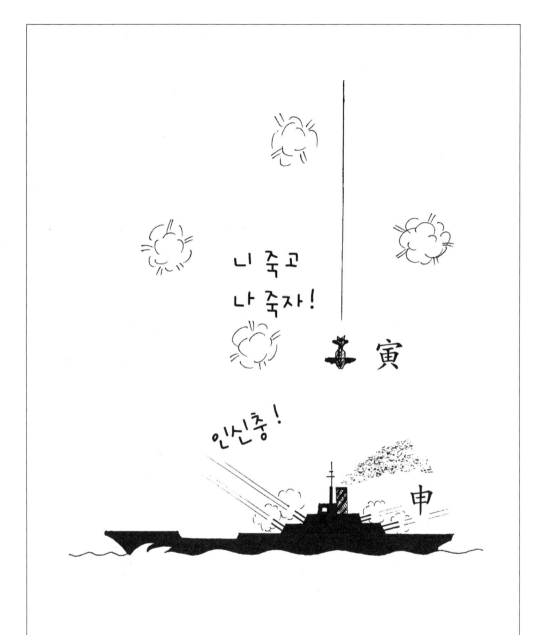

상극(相剋) 관계를 뛰어 넘어 쌍방이 대등하게 충돌하는 지충(支沖)이 진정한 충(沖)이다.

지충(支沖)

지지 子午, 丑未, 寅申, 卯酉, 辰戌, 巳亥가 충(沖)의 관계이다. 이들의 관계에서는 일방적으로 극(剋)하지 못하므로 지충(支沖)은 문자 그대로 충돌(衝突)이 된다.

지지(地支) 속에 들어 있는 지장간(支藏干)이 2~3개이다 보니 상극(相剋)관계가 뒤섞여 버린다. 그래서 지지(地支)의 일방적인 극(剋)은 이루어질 수가 없게 되는 것이다.

지지(地支)와 지장간은 별개(別個)라는 것을 반드시 기억해 두고 넘어가야 한다. 지충(支沖)은 지장간(支藏干)의 작용이 아니고, 지지(地支)의 고유(固有)한 작용이다. 지장간(支藏干)들의 일방적인 상극(相剋)관계는 성립하지만, 지지(地支)의 일방적인 상극(相剋)작용은 불가능하다.

충(沖)은 충돌(衝突)을 말하므로 일방적으로 제압(制壓)하는 극(剋)과는 그 의미가 다르다. 극(剋)의 관계에서는 당하는 쪽의 피해(被害)가 크지만, 충돌(衝突)을 하면 쌍방이 모두 피해를 입게 된다. 동반자살(同伴自殺)이나 일본의 가미가제 전법(戰法)과 비슷하다.

지지(地支)는 충(沖)이 되면 매우 무력(無力)해지기 때문에 충(沖)을 두려워하게 된다.

지충(支沖)이 되면 지장간(支藏干)이 모두 튀어나온다.

결코 천간(天干)의 충돌(沖 충)은 없다. 오행에 따라, 일방적
으로 극(剋)하고 극(剋)을 당할 뿐이다.

천간(天干)의 상극(相剋)

＊ 강렬(強烈)

金 剋 木	水 剋 火	도끼로 나무를 자르고
庚 → 甲 辛 → 乙	壬 → 丙 癸 → 丁	물로 불을 끄는 작용은 신속하고 효과적이다.

＊ 보통(普通)

土 剋 水	火 剋 金	흙을 쌓아 물을 가두고
戊 → 壬 己 → 癸	丙 → 庚 丁 → 辛	불로 쇠를 녹이는 일에는 시간이 제법 소요된다.

＊ 온화(溫和)

木 剋 土	나무가 흙을 파헤치는 일에는
甲 → 戊 乙 → 己	시간이 많이 소요된다. 흙속에 산소를 공급해 주는 좋은 효과도 있다.

시	일	월	년
+㉋상관	-㉭日主	-㈯편재	-㉗편인
丙	乙	己	癸
戌	巳	未	酉
+㈯정재	+㉋상관	-㈯편재	-㈳편관
辛丁戊	戊庚丙	丁乙己	庚 辛

㊍	火	土	金	水
1	2	3	1	1

 土

이번에는 최대의 흉신인 기신(忌神)으로 분류되었던 土의 역량을 알아보자.
월주 己未와 시지 戌이 검사 대상이다.

① 己未는 월주이다. 사주에서 가장 막강한 영향력을 발휘한다는 월지(月支), 월령(月令)을 未土가 차지하고 있을 뿐 아니라, 천간과 지지가 간여지동(干與支同)으로 뭉쳐 있으니 土의 역량이 매우 크다. 戌土는 양토(陽土)이므로 그 역시 역량이 크다.

② 월·일·시지의 지장간에 각각 火·土의 성분을 지닌 천간이 들어 있고, 지지(地支)가 연결되어 군집을 이루고 있으므로 土의 역량이 커진다.

③ 土는 3개로서 사주 내에서 가장 많으니 그 역량이 크다.

④ 土를 상생 지원해 주는 시간 丙火는 하늘에 떠 있고, 丙火를 일지 巳火가

시원스럽게 지원해 준다. 火·土가 연접되어 있으니 상생 지원에 방해됨
이 적어 지원의 효과가 신속하다. 2인자 火가 확실하게 土의 역량을 키워
주고 있다.

* 土를 극하는 木은 일주(日主) 乙木 뿐인데, 乙木은 진즉 丙·巳火의 불
  쏘시개로 활용되어 버렸기 때문에 土의 역량을 별로 줄이지 못한다.
* 土가 극해야 하는 癸水가 허약하니 土의 역량이 별로 줄어들지 않는다.
* 연지 酉金을 생산 지원해야 하므로 土의 역량이 조금 줄어든다.

⑤ 土의 역량에 영향을 미치는 합은 없다. 월지 未와 일지 巳의 巳(午)未
  방합은 사정(四正)인 午가 없으므로 실효가 없다. 연지 酉와 시지 戌의
  (申)酉戌 반합은 酉·戌이 격리(隔離)가 되어 있기 때문에 실효가 없다.
⑥ 土를 충(沖)하는 오행은 없다.

기신(忌神) 土의 역량이 매우 크다는 것을 알 수 있다. 어느 사주이건, 기신
(忌神)은 그 역량이 크다. 역량이 지나치게 크기 때문에 기신(忌神)이라는 낙인
(烙印)이 찍힌 것이었으니, 당연한 현상이다.

기신(忌神)은 최대 흉신이므로
그 역량과 변화를 항상 세심하게 살펴야 한다.

시	일	월	년
+㉫상관	-㉬日主	-㉯편재	-㉰편인
丙	乙	己	癸
戌	巳	未	酉
+㉯정재	+㉫상관	-㉯편재	-㉱편관
辛丁戊	戊庚丙	丁乙己	庚 辛

㉬	火	土	金	水
1	2	3	1	1

 火

이번에는 구신(仇神)으로 분류되었던 火의 역량을 알아보자. 시간 丙火와 일지 巳火가 검사 대상이다.

① 丙·巳 모두 양화(陽火)이니 火의 역량이 크다.

② 월·일·시지의 지장간에 각각 火 성분을 지닌 천간이 들어 있고, 지지(地支)가 연결되어 군집을 이루고 있으므로 火의 역량이 커진다.

③ 시간 丙火는 하늘에 떠 있고, 巳火는 땅에 있다. 천지(天地)가 호응하여 힘을 합하니 火의 역량이 커진다.

④ 사주의 주인인 일주(日主) 乙木의 희생적인 지원을 받고 있으므로 火의 역량은 증폭된다.

　* 丙火·巳火를 극(剋)할 수 있는 癸水가 연간(年干)에 있지만, 강력한 土

집단인 己未 월주의 방해로 인하여 수극화(水剋火)가 원활하게 이루어
지지 않기 때문에 火는 위축되지 않는다.

* 己未 월주와 시지 戌土에게 대폭적인 화생토(火生土) 지원을 하기 때문
에, 火 기운의 대부분은 소모되어 土로 변한다고 볼 수 있다.

* 연지 酉金에 대한 화극금(火剋金) 작용으로 인해, 火의 역량이 약간 감
소한다.

⑤ 火의 역량에 영향을 미치는 합은 없다. 월지 未와 일지 巳의 巳(午)未
방합은 사정(四正)인 午가 없으므로 실효가 없다. 연지 酉와 시지 戌의
(申)酉戌 반합은 酉·戌이 격리(隔離)가 되어 있기 때문에 실효가 없다.

⑥ 火를 충(沖)하는 오행은 없다.

성능 검사를 해 보니 구신(仇神) 火의 역량이 매우 크다는 것을 알 수 있다.
일주(日主) 乙木을 둘러싸고 있어, 일주(日主)의 강력한 설기(洩氣)를 유발할 뿐
아니라, 기신(忌神)인 土를 생산하고 있어 너무나 불만스럽다. 확실한 흉신이다.

초록(草綠)은 동색(同色)이다.
火·土는 무늬만 다를 뿐 한 통속!

시	일	월	년
+㉂상관	-㉲日主	-㉯편재	-㉱편인
丙	乙	己	癸
戌	巳	未	酉
+㉯정재	+㉂상관	-㉯편재	-㉮편관
辛丁戊	戊庚丙	丁乙己	庚 辛

㉲	火	土	金	水
1	2	3	1	1

 金

이번에는 이중간첩인 한신(閑神)으로 분류된 金의 역량을 알아보자. 연지 酉
金이 검사 대상이다.

① 酉金은 음금(陰金)이지만, 지장간이 庚·辛으로 뭉친 사정(四正)이니 그
    역량이 크다.

② 일·시지의 지장간에 각각 金 성분을 지닌 천간이 들어 있고, 상생해 주는
    土가 월·일·시지의 지장간에 들어 있으면서 지지(地支)가 연결되어 군
    집을 이루고 있기 때문에 후원세력이 막강하므로 그 역량이 커진다.

③ 같은 오행(金)을 지닌 간지는 없지만, 지장간의 후원이 막강하므로 金은
    결코 외롭지 않다.

④ 金을 상생 지원해 주는 己未 土는 월주(月柱)라는 요충지를 차지하고 있

어 金에게 직접적인 도움을 주고, 시지 戌土도 멀리서나마 지원해 준다.

* 시간 丙火와 일지 巳火가 화극금(火尅金)하지만, 己未 월주가 방어를 해 주고 있기 때문에 金의 역량 감소에 크게 영향을 미치지 못한다.

* 乙木 일주를 금극목(金尅木)하고자 하나 己未 월주의 만류(방해)로 인해 설기(洩氣)를 못하므로 金의 역량이 보존된다.

* 金이 생산 지원해야 할 연간 癸水가 가깝게 있기 때문에, 금생수(金生水) 작용으로 인해 역량이 감소한다.

⑤ 金의 역량에 영향을 미치는 합은 없다. 연지 酉와 시지 戌의 (申)酉戌 반합은 酉·戌이 격리(隔離)가 되어 있기 때문에 실효가 없다. 일지에 巳가 있어 巳酉(丑) 삼합(三合)을 시도하지만, 월지 未土의 간섭으로 합(合)을 이루지는 못한다.

⑥ 金을 충(沖)하는 오행은 없다.

성능 검사 결과, 이중간첩 한신(閑神) 金은 약해 보이지만, 막강한 土 집단의 후원이 원활하기 때문에 역량에 여유가 있게 된다.

한신(閑神) 金의 역량은 결코 작지 않다.

시	일	월	년
+ⓗ상관	-ⓖ日主	-ⓔ편재	-ⓦ편인
丙	乙	己	癸
戌	巳	未	酉
+ⓔ정재	+ⓗ상관	-ⓔ편재	-ⓕ편관
辛丁戊	戊庚丙	丁乙己	庚 辛

ⓖ	火	土	金	水
1	2	3	1	1

丙 乙 己 癸

戌 巳 未 酉 ②申

①午 ③戌

사주의 합(合)이나 충(沖)을 검토할 때, 사주 내에 있지만 아직 합·충이 이루어지지 않고 있는 경우에는 사주표에 미리 표시(表示)를 해 두는 게 바람직하다. 운(運)에서 어떤 오행이 올 때 합·충이 이루어지는지 알 수 있기 때문이다.

① 午가 없어 아직 巳·午·未 방합을 이루지 못하는 일지 巳와 월지 未 사이에 작은 글씨로 午자를 써 둔다. 운(運)에서 午가 올 경우에는 巳·午·未 방합이 이루어진다는 것을 알 수 있다.

② 申이 없어 아직 申·酉·戌 방합을 이루지 못하는 연지 酉 곁에 申자를 써 둔다.

③ 丑이 없어 아직 巳·酉·丑 삼합을 이루지 못하는 연지 酉 곁에 丑자를 써 둔다.

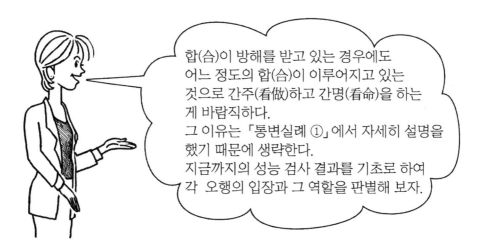

합(合)이 방해를 받고 있는 경우에도 어느 정도의 합(合)이 이루어지고 있는 것으로 간주(看做)하고 간명(看命)을 하는 게 바람직하다.
그 이유는 「통변실례 ①」에서 자세히 설명을 했기 때문에 생략한다.
지금까지의 성능 검사 결과를 기초로 하여 각 오행의 입장과 그 역할을 판별해 보자.

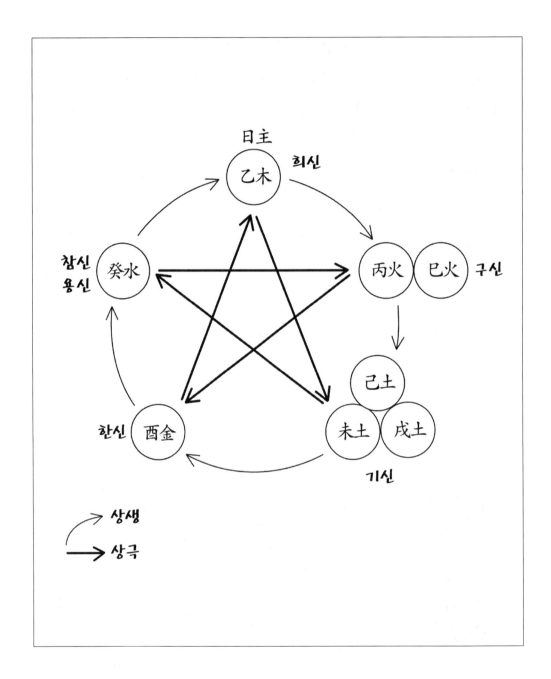

대개의 초보자들은 일주(日主)에 집착하는 경향을 보인다. 대부분의 이론서
에서 일주(日主)에 대한 중요성을 강조하기 때문에 그런 경향을 보이는 것은

당연한 현상이겠다. 또한, 그 누가 뭐라고 해도 일주(日主)는 사주의 주인이므로 어떤 오행보다도 중요한 것은 사실이다.

"일주(日主)를 이롭게 하면서…"로 시작하는 참신(讖神, 용신)에 대한 전제 조건을 봐도 일주(日主)의 중요성을 잘 알 수 있다.

그렇다면, 일주에게 어떻게 해 주는 오행이 이로운 것일까?
물음에 대한 정답은 모든 초보자가 알아 맞출 수 있을 만큼 쉬운 것이다.

"신왕한 일주(日主)는 극설(剋洩)해주고, 신약한 일주(日主)는 생조(生助)해 주는 오행이다."

그렇다. 그건 맞는 대답이다.
그래서 이 사주에서도 생조(生助)하는 水 인성(印星)이 참신(용신)으로 분류된 것이었다. 水가 참신(讖神)인 것은 분명하다.

일주 乙木에 대해서 좀 더 알아보자.

+㊋상관	-㊍日主	-㊏편재	-㊌편인	(木)	火	土	金	水
丙	**乙**	**己**	**癸**	1	2	3	1	1
戌	**巳**	**未**	**酉**					
+㊏정재	+㊋상관	-㊏편재	-㊎편관					

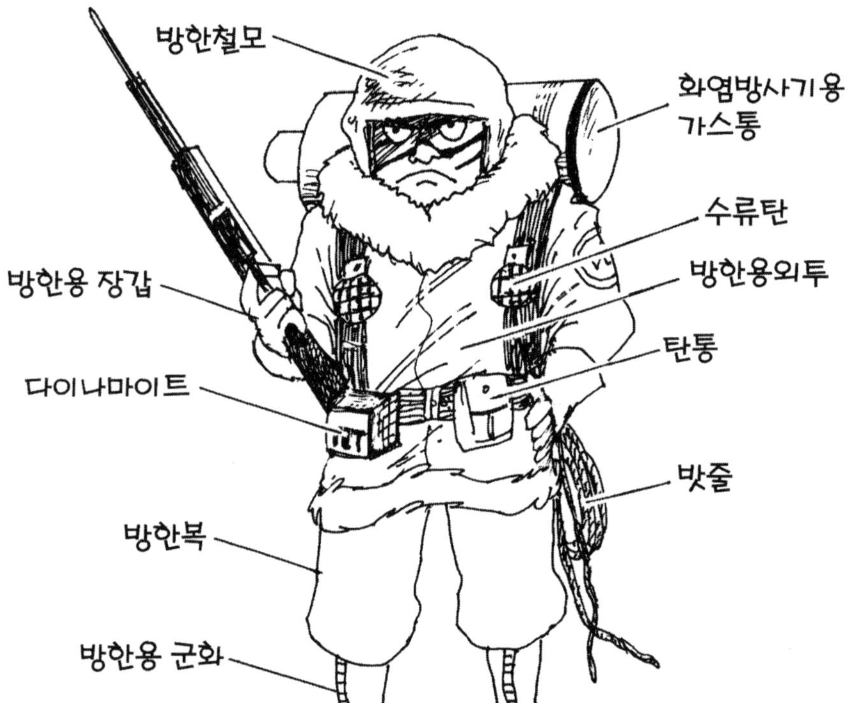
방한철모
화염방사기용
가스통
수류탄
방한용 장갑
방한용외투
탄통
다이나마이트
밧줄
방한복
방한용 군화

특공대원 乙木

일주(日主) 乙木은 특공대원이었다.

체력이 뛰어나게 튼튼하지는 않았지만(신약), 완벽한 임무 수행능력(土)을 인정받았기 때문에 특공작전에 차출되었다. 차출 통보를 받고, 乙木은 만반의 출전준비를 마쳤다.

총과 실탄, 수류탄 등 휴대할 수 있는 개인 화기(火器)를 빠짐없이 챙겼다. 화기(火器)에는 모두 화약(火藥)이 들어있었다(木生火). 강한 열(熱)이나 충격을 받으면 화기(火器)가 폭발할 수 있었기에 조심스럽게 다뤄야 했다.

엄폐(掩蔽)를 위해서 온 몸에 칡넝쿨과 잡초 등(乙木)을 꽂았다.

갑작스러운 한파를 대비해서 두꺼운 옷을 챙겼으며, 비상시(非常時)에 사용할 수 있도록 밧줄(乙木)도 충분히 확보했다.

이런 설명을 난해하게 여기지는 말라. 그저 신약한 乙木이라는 점, 목생화(木生火)의 본성(불씨)을 지니고 있다는 점을 슬쩍 풀어서 비유한 것에 지나지 않는다.

아무튼, 디-데이가 되었다. 야심한 시각, 乙木은 낙하산(木)를 메고 비행기에 올랐다. 어떤 전장(戰場)에 투입이 되는지 알 수 없었다. 최선을 다해 임무를 수행할 전의(戰意)만 충만할 따름이었다.

+㊋상관　-㊍日主　-㊏편재　-㊌편인　㊍　火　土　金　水

丙　乙　己　癸

　　　　　　　　　1　2　3　1　1

戌　巳　未　酉

+㊏정재　+㊋상관　-㊏편재　-㊎편관

드디어, 우리의 특공대원 乙木 일주(日主)에게 낙하 명령이 떨어졌다.

乙木은 훈련을 받은대로, 낙하산을 타고 내려와 안전하게 착지(着地)했다. 안전하게 땅을 딛기는 했지만, 칠흑과 같은 어두움과 착지(着地)할 때 받은 충격 등으로 인해 乙木은 주변 상황을 쉽사리 파악할 수 없었다.

'이곳은 어디인가?'

이즈음에서 우리는, 환경(環境)이라는 여건을 살펴볼 필요가 있다. 사주에서 환경이란, 일주를 제외한 7개의 오행을 가리킨다.

명(命)을 살필 때, 환경을 살필 때, 비중(比重)을 두고 살펴야 할 것이 기신(忌神)이다. 기신(忌神)은 사주 판세를 장악한 폭군이기 때문에, 일주(日主)는 기신(忌神)으로부터 막대한 영향을 받을 수밖에 없다.

+⑭상관 -⑰日主 -⑤편재 -⑰편인   ⑰ 火 土 金 水
                                    1 2 3 1 1

丙 乙 己 癸
戌 巳 未 酉

+⑤정재 +⑭상관 -⑤편재 -⑰편관

　일주(日主)가, 치열한 전투(戰鬪)가 벌어지고 있는 전장(戰場)에 놓인 졸병(卒兵)이라면, 그 자리는 졸병의 안위(安危)를 논(論)할 곳이 못 된다. 전투의 승패(勝敗)가 더 우선(優先)하기 때문이다.

　명령을 받은 乙木 일주(日主)가 도착한 곳은 기신(忌神) 土가 판세를 장악한 전쟁터였다. 이런 상황이라면 일주(日主)의 사정을 살피는 것도 중요하지만, 영향력이 큰 土의 사정을 잘 살피는 것이 더 현명한 선택이 될 수 있다.
　土를 살펴보자.

　가장 먼저 눈에 들어오는 것이 월주 己未이다.
　오행은 놓인 자리가 중요하다고 했다. 월지(月支)는 사주의 계절을 결정하는 막중한 자리인데, 未土가 차지하고 있으면서, 천간에 己土를 두고 있다. 천지(天地)가 원활하게 상통(相通)하니 기신 土는 두려울 게 없다. 월주 己未가 사사건건 문제를 일으키게 될 것이라는 것은 누구라도 충분히 예상할 수 있는 일이다.

+㊋상관　-㊍日主　-㊏편재　-㊌편인　㊍　火　土　金　水
　　　　　　　　　　　　　　　　　1　2　3　1　1

丙　乙　己　癸
戌　巳　未　酉

+㊏정재　+㊋상관　-㊏편재　-㊎편관

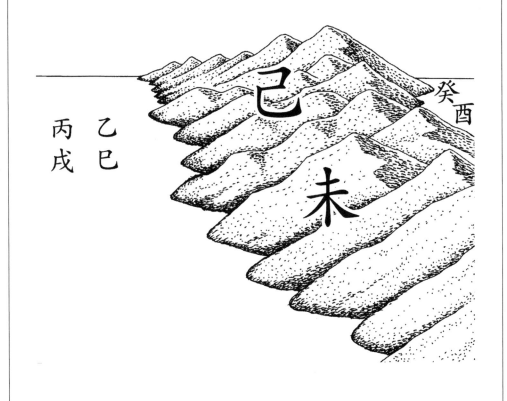

　월주를 장악해서 막강하기는 하지만, 己·未 모두 음토(陰土)이다. 그래서 높은 산맥(山脈)은 못되고, 넓은 사막(沙漠)이 되었다. 크고 작은 모래 구릉(丘陵)이 도처에 있다.

　사막(沙漠), 己未 월주는 휴전선의 비무장지대처럼 사주를 좌·우 두 쪽으로 갈라놓는다. 연주(年柱)와 일·시주를 확실하게 분단시키고 있는 것이다. 연·일·시주가 서로 교류(交流)를 하기 위해서는, 엄청난 고통과 부담을 감수하면서 광활한 己未 사막을 통과해야만 한다.

사막이면 어때?
석유만 많이
나온다면야…

+㉻상관 -㉡日主 -㈯편재 -㉢편인　㉡　火　土　金　水

丙　乙　己　癸　　1　2　3　1　1

戌　巳　未　酉

+㈯정재 +㉻상관 -㈯편재 -㉮편관

시지(時支)에 있는 戊土가 土의 세력을 더욱 키워 준다.

戊土는 양토(陽土)이니 큰 역량을 지니게 된다. 제법 높은 산(山)이라고 말할 수 있다. 戊土 덕분에 土가 음양(陰陽)을 모두 갖추었으니, 산(山)과 사막(沙漠)이 잘 어우러진 흙 세상이 되었다.

월·일·시지의 지장간에 각각 戊·己土가 들어 있고, 지지(地支)가 연결되어 군집을 이루고 있으므로 그 영역이 많이 커진다. 사주의 3/4이 土인 것이다.

戊 양토(陽土)는 산(山)이고, 己未 음토(陰土)는 모래, 사막, 흙먼지이다. 음양이 유기적으로 호응하여 원활하게 힘을 모은다. 산맥이 험준하고, 앞을 분간하기 힘들 정도로 모래바람이 부는 사주가 되었다.

폭군 土의 기본 체력은 너무나 양호하다. 잘 먹어서 영양 공급이 충분하다면 더욱 난동(亂動)을 부릴 것이다. 土의 폐해(弊害)를 예측하기 위해서 土를 지원하는 火를 시급히 살펴보자.

+㊋상관 -㊍日主 -㊏편재 -㊌편인　㊍　火　土　金　水
　　　　　　　　　　　　　　　　　　　1　2　3　1　1

⓪丙　乙　己　癸
戌　㊮巳　未　酉

+㊏정재 +㊋상관 -㊏편재 -㊎편관

시간에 丙火가 있고 일지에 巳火가 있다.

丙·巳 모두 양화(陽火)인데, 시간 丙火는 하늘에 떠 있으면서, 지지 巳火에 통근(通根)을 하고 있기 때문에, 상하(上下)가 호응하여 힘을 합하니 火의 역량이 크다. 황량한 사막(沙漠)에 열기(熱氣)를 충분하게 공급해 주고 있는 것이다.

시간 丙火는 하늘에 떠 있으니 태양(太陽)이라고 할 수 있고, 巳火는 땅에 있으니 용암(鎔巖)이라고 할 수 있다. 먼저, 땅에 있는 巳火의 상황을 살펴보자.

월·일·시지의 지장간에 각각 丙·丁火 성분과 戊·己土 성분을 지닌 천간이 들어 있고, 지지(地支)가 연결되어 군집을 이루고 있다.

- 未 = 丁乙己
- 巳 = 戊庚丙
- 戌 = 辛丁戊

火·土가 혼합(混合)되어 뭉쳐 있으므로 마치 용광로(鎔鑛爐)의 연소재료(燃燒材料)처럼 보인다.

戌·巳·未는 모두 지지(地支)의 상황이니, 땅 속에서 일어나고 있는 현상이다. 고열(高熱)로 인해 지각이 녹아 흐르면서 용암(鎔巖)이 된다. 월·일·시지에 걸쳐 이루어지는 현상이기 때문에, 용암지대 역시 사주의 3/4에 걸쳐 광범위하게 퍼져 있다. 땅속에 있는 용암은 압력이 상승하므로 분출구(噴出口)를 찾아 흐르게 되는 건 너무나 당연한 자연의 이치이다. 시간에 있는 丙火가 지지(地支) 속에 들어있는 용암(鎔巖)을 유인한다.

+㊋상관 -㊍日主 -㊏편재 -㊌편인　　㊍　火　土　金　水

丙 乙 己 癸　　　1　2　3　1　1

戌 巳 未 酉

+㊏정재 +㊋상관 -㊏편재 -㊎편관

丙火가 천간(天干)에 있기 때문에, 지지 속에 있는 용암은 쉽고 원활하게 분출된다. 인도해 주는 丙火 덕분에 용암은 마음껏 압력을 해소시킨다.

드디어!

엄청난 압력으로 인해 굉음을 내면서 용암이 분출한다. 화산(火山)의 폭발이 이루어진 것이다.

불꽃과 함께 용암이 하늘을 찌를 듯이 솟구쳐 오르고, 화산재는 온 세상을 뒤덮는다. 한 치 앞도 내다 볼 수 없는 암흑 세상이 된다. 드높은 열기와 먼지로 인해 호흡이 곤란해진다.

분출된 용암은 서서히 식으면서 새로운 구릉(丘陵)을 만들어내고, 그 위에 화산재는 두껍게 내려앉는다(火生土).

땅은 넓어지고 흙은 많아지지만, 그건 모두 화산재가 만들어낸 작품이다. 식물이 자랄 수 없는 뜨겁고 황량한 사막이 한층 더 넓어졌을 뿐이다.

+⊛상관 −㊍日主 −㊏편재 −㊌편인   ㊍ 火 土 金 水
                                    1 2 3 1 1

丙 乙 己 ㊝
戌 巳 未 ㊠

+㊏정재 +⊛상관 −㊏편재 −㊎편관

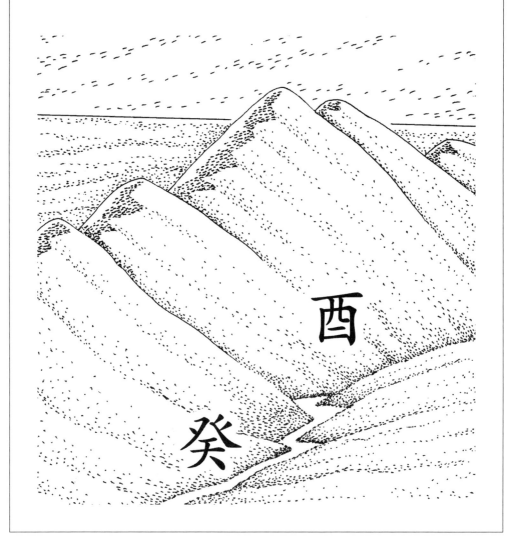

무지막지하게 강한 土의 기운을 설기(洩氣)할 수 있는 金·水 癸酉가 한쪽 귀퉁이 연주(年柱)에 놓여 있다. 사주를 분할하고 있는 월주 己未 산맥의 한편에서 酉金이 딱딱한 지각(地殼)을 뚫고, 癸水를 생산하여 土에게 습기를 공급해준다. 작게라도 지각이 뚫리니 팽창하던 압력이 그 구멍을 통해서 빠져나간다. 酉金이 뚫어 준 틈 사이로 癸水가 흘러 메마른 대지(大地)를 적셔 준다.

연주 癸酉가 허약하긴 하지만 癸酉로 인해 흙먼지가 약간 가라앉고 물이 조금씩 흐르고 있으니, 연주(年柱)를 사막의 '오아시스'라고 불러도 되겠다.

그러나, 癸와 酉가 土를 설기(洩氣)하지만 허약하기 때문에, 癸酉의 설기작용은 계란으로 바위를 치는 것처럼 미미한 실정이다.

土의 강한 기운이 또 말썽을 일으킨다. 겨우겨우 뚫어둔 金 구멍을 다시금 메워버리기도 하고, 계곡의 습기(濕氣)를 모두 빨아들여 버리기도 한다.

화산(火山)으로 인해 불꽃과 흙먼지가 난무(亂舞)하는 사막, 그 상황을 효과적으로 이해할 수 있도록 특공대원이 파견된 전쟁터로 전환시켜 살펴 볼 필요가 있지 않겠는가?

+⊛상관 -⊛日主 -⊕편재 -⊛편인 ⊛ 火 土 金 水

丙 乙 己 癸   1 2 3 1 1

戌 巳 未 酉

+⊕정재 +⊛상관 -⊕편재 -⊛편관

심야의 공중 낙하, 착지(着地)하고 나서 잠시 시간이 흘렀다.

"헉…!"

乙木은 자신이 처한 주변 환경을 파악하고는 쓰디쓴 신음을 토해냈다.

그곳은 드넓은 사막(강한 土)의 한 가운데에 있는 전투 현장이었다. 공기는 숨을 쉴 수 없을 정도로 뜨거웠고, 흙먼지는 앞을 가렸다. 사막이 너무나 광활했기 때문에 탈출은 애초부터 불가능해 보였다.

모래 속에는 적(敵)들이 묻어둔 지뢰(巳火)가 빽빽이 깔려 있어서 발을 내딛을 수가 없었다. 날카로운 소리를 내며 포탄(丙火)이 날아와 여기저기에서 터졌다.

포화(砲火)가 작열하는 지옥의 전쟁터, 그 한 가운데에 우리의 주인공 乙木 일주(日主)가 놓여 있는 것이다. 이 상황은 일주(日主) 乙木이 만들었거나 乙木이 초래한 것은 아니다. 재수가 없어서, 그래, 운명적이라고 해야 맞는 표현일 것이다. 운명적으로 만난 개 같은 상황일 뿐이다.

+⊘상관 -⊛日主 -⊕편재 -㉚편인   ㊍ 火 土 金 水
                                          1 2 3 1 1

丙 ⼄ 己 癸
戌 巳 未 酉

+⊕정재 +⊘상관 -⊕편재 -㊎편관

일주(日主) 乙木이 특공작전에 차출되었다는 통보를 받고, 乙木이 챙겼던 준비물을 다시 한번 되짚어볼 필요가 있다.

① 총과 실탄, 수류탄 등 휴대할 수 있는 개인 화기(火器)를 빠짐없이 챙겼다. 화기(火器)에는 모두 화약(火藥)이 들어있다. 강한 열(熱)이나 충격을 받으면 화기(火器)가 폭발할 수 있다.

② 엄폐(掩蔽)를 위해 꽂은 칡넝쿨과 잡초는 불(火)의 연료가 될 수 있다.

③ 갑작스러운 한파를 대비해서 챙긴 두꺼운 옷과 비상시(非常時)에 사용할 밧줄도 불(火)의 연료가 될 수 있다.

결국, 乙木 자신이 지니고 있는 목생화(木生火) 본성 때문에 온통 불쏘시개를 챙겼던 것이었다. 그래서 乙木이 발걸음을 옮길 때마다 크고 작은 화재(木生火)가 일어나 스스로가 화상(火傷)을 입게 되고, 그 결과는 화생토(火生土)까지 연결되어 기신(忌神) 土를 더욱 강하게 만들게 된다.

사명감에 불타는 소방관은 임무 수행을 위해서 살신성인(殺身成仁)도 한다지만, 소화기를 들고 불 속으로 뛰어든다면 몰라도 이 사주의 乙木처럼 섶을 지고 불 속으로 뛰어든다면, 화재만 더 키운 그 소방관에게 감사할 사람은 아무도 없으리라.

제대로 된 간명(看命)을 위해서는 일주(日主)가 한신(閑神)이라는 점을 잘 알고 있어야 한다.

시	일	월	년
+㉫상관	-㊍日主	-㊏편재	-㊌편인
丙	乙	己	癸
戌	巳	未	酉
+㊏정재	+㉫상관	-㊏편재	-㊎편관
辛丁戊	戊庚丙	丁乙己	庚 辛

㊍	火	土	金	水
1	2	3	1	1

외형상으로 일주(日主) 乙木을 상생 지원한다고 해서 연간 癸水를 참신(용신)으로 분류했었다. 그러나 사주의 구성상태를 알고 난 지금, 과연 癸水를 참신(讖神)으로 봐야 하는지 다시 한번 검토해 볼 필요가 있다.

왜?

연지 酉金의 생조(生助)가 있다고는 하지만, 癸水가 천간에 노출되어 있으면서, 막강한 土 집단의 공격을 받고 있기 때문이다. 실오라기처럼 가느다란 개울물, 이슬, 안개로 상징되는 작은 癸水이기에, 막강한 토극수(土剋水)를 견디지 못하고 진즉 고갈(枯渴)되었을 것이란 걸 충분히 짐작할 수 있다.

그렇다면 癸水에 대한 연지 酉金의 생조(生助)도 다시 한번 평가해 볼 필요가 있다.

상생(相生)이란, 새로운 물질을 만들어 내는 과정이기 때문에, 결코 쉽게 이루어지지는 않는다. 금생수(金生水)라고 하지만, 연지 酉의 지장간에 水 성분이 있는 것과 없는 것에는 분명 금생수(金生水)하는 능력에 큰 차이가 있다는 것이다.

온통 庚·辛金 기운으로만 뭉친 쇳덩어리 酉에서 생수(生水)가 터지기는 어려울 것이다. 주변이 金·水가 강한 상황이라면 몰라도, 이 사주처럼 水를 극(剋)하는 土가 막강한 상황이라면, 잘 나오던 물도 끊기고 말 것이다. 결국, 酉金의 금생수(金生水)는 허울에 불과할 가능성이 많다. 그 점을 잘 기억했다가 통변(通辯)할 때 활용해야 한다.

막강한 土 집단으로 인해 피해를 보고 있는 것은 일주(日主)와 癸水이다. 과연, 둘 중 누가 더 큰 피해를 볼까?

+⊛상관 -⊛日主 -⊛편재 -⊛편인 　⊛ 火 土 金 水
丙 乙 己 ㉠ 　　　　1 2 3 1 1
戌 巳 未 酉
+⊛정재 +⊛상관 -⊛편재 -⊛편관

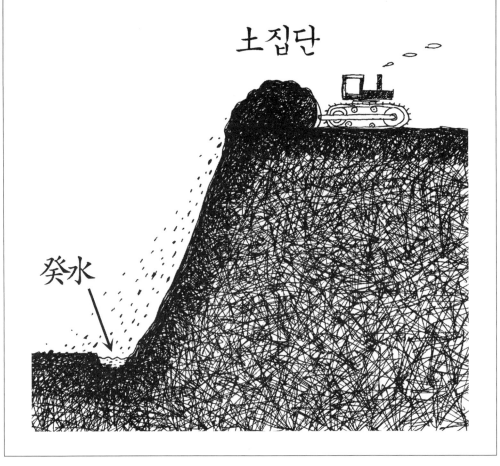

土집단

癸水

무지막지한 土로 인해서 일주(日主) 乙木도 악전고투하고는 있지만, 土에게 막심한 피해를 당하고 있는 것은 癸水이다. 일주(日主) 乙木은 허약하여 재대로 기세(氣勢)를 부리지 못하고 있지만, 본시 木은 土를 극(剋)하는 오행이기 때문에, 土는 木을 직접적으로 공격하지는 못한다. 그러나 水에 대한 土의 입장은 다르다. 토극수(土剋水)라는 확실한 면죄부를 쥐고 있기 때문이다.

앞에서 설명했듯이 실오라기처럼 가느다란 개울물, 이슬, 안개로 상징되는 작은 癸水가 천간에 노출되어 있으니, 막강한 土 집단이 가만둘 리가 없다. 마음껏 癸水를 공격한다. 힘있는 土 집단의 상극(相剋)작용에는 눈곱만큼의 인정이 없다. 피비린내 나는 살육(殺戮)만 있을 뿐이다.

한때는 참신(讖神)으로까지 대접받았던 길신(吉神) 癸水의 처참한 파괴현상은 이 사주에서 결정적인 흉(凶)이 된다.

왜 '결정적'이라는 말을 사용하는가?

이 사주의 癸水처럼, 길(吉)한 작용을 하면서도 무자비하게 파괴되려면, 차라리 사주에 없는 것이 더 바람직하기 때문이다.

왜, 바람직하다고 하는가?

★ 군겁쟁재(群劫爭財)

무더위로 인해 여성들의 노출이 심해진 여름철, 심야(深夜). 주체할 수 없을 정도로 정력(精力)이 넘치는 불량배 5명이 모여 강간(强姦)을 모의했다. 인적이 뜸한 나무 그늘에 숨어 여인이 지나 가기를 기다렸다. 이런 줄도 모르고 이곳을 여인이 지나 간다면, 그녀가 할머니이건 아가씨이건, 누구를 막론하고 불량배들(군겁 群劫)에게 강간(쟁재 爭財)을 당할 수 밖에 없는 절대적인 상황이 조성된 것이다.

그러나 이런 절대적인 상황이 조성되었다고 해서 반드시 강간사고가 발생하는 것은 아니다. 날이 밝을 때까지 이곳을 아무도 지나가지 않는다면 강간사고는 발생하지 않는다. 즉, 아무리 비견·겁재가 많아도 재성(財星)이 사주에 없으면 군겁쟁재(群劫爭財)가 발생할 수 없는 것이다. 그래서 길한 작용을 하면서도 무자비하게 파괴되려면 차라리 사주에 없는 것이 더 바람직하다고 했던 것이다.

또한, 여인들이 떼를 지어 지나간다면, 역시 강간사고는 발생하지 않는다. 즉, 재성(財星)이 강하면 비겁(比劫)에게 대항을 할 수 있기 때문에 군겁쟁재(群劫爭財)가 발생하지 않는 것이다.

강간사고는 허약한 여인이 혼자서 그곳을 지나갈 때 어김없이 발생한다. 나약한 여인을 그냥 두지 않을 것이 뻔하다. 그래서 재성(財星)이 허약할 때 군겁쟁재(群劫爭財)가 어김없이 발생한다.

극(剋)을 당해 파괴되는 오행이 다행스럽게도 사주에 없다고 해서 안심(安心)해서는 안 된다. 파괴되는 오행이 운(運)에서 오게 되면, 예상치 않은 피해가 발생할 수 있기 때문이다.

그렇더라도 운(運)에서 오는 경우라면, 미리미리 조심하고 예방해서 어떻게든 피해갈 수 있지만, 사주에 있는 경우에는 그 존재가 원초적(原初的), 운명적(運命的)인 것이기 때문에 피해갈 수가 없다. 파괴되는 오행이 길신(吉神)이라면 피해는 더욱 심각해진다.

　사주 내에 있는 길신이 흉신의 폭력적인 공격을 받아 무참하게 파괴되는 참상(慘狀)이 펼쳐지게 되면, 그 흉(凶)함은 지속적으로 발생한다. 사주 내에서 벌어지는 원초적인 것이기 때문에 절대적이라고 말할 수 있다.

　이 사주의 경우에는 土 집단의 공격을 받아 길신인 癸水 인성(印星)이 파괴되고 있다. 그것도 土 집단에 찰싹 달라붙어서 극(剋)을 당하고 있기 때문에 대흉(大凶)하다.

　그 결과는, 인성(印星)이 의미하는 부분에서 흉사(凶事)가 발생할 수 있다. 어머니를 일찍 여의어 고아처럼 자란다거나, 배움의 길이 일찍 끊어진다거나, 아니면 호사다마(好事多魔)가 빈번하게 발생할 수 있는 것이다.

　또한 그 결과는, 水가 의미하는 부분에서도 흉사(凶事)가 발생할 수 있다. 생식기 계통이 불량하다거나, 신장(腎臟)이 나쁠 수 있는 것이다.

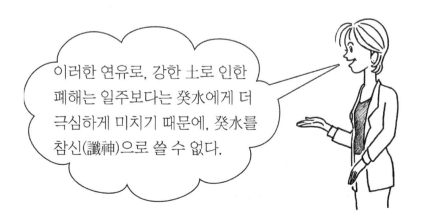

이러한 연유로, 강한 土로 인한 폐해는 일주보다는 癸水에게 더 극심하게 미치기 때문에, 癸水를 참신(讖神)으로 쓸 수 없다.

+⊛상관 -⊛日主 -⊛편재 -⊛편인　⊛　火　土　金　水

丙　乙　己　癸　　1　2　3　1　1

戌　巳　未　㉿

+⊛정재 +⊛상관 -⊛편재 -⊛편관

믿었던 癸水가 파괴되어 무용지물(無用之物)이 되었으니, 대타(代打)를 찾아봐야 한다. 이제는, 酉金 밖에 남지 않았다. 의지할 곳이 없으니 酉金을 붙잡고, 행여 눈곱만큼의 쓸모라도 있는지 요모조모 신중하게 따져봐야 한다.

애당초, 酉金을 한신(閑神)으로 분류했던 것은 酉金이 신약한 일주(日主) 乙木에게 금극목(金剋木)이라는 칼날을 들이댄다고 봤기 때문이다.

헌데, 다시 한번 살펴보니 酉金은 연지(年支)에 멀리 있을 뿐 아니라, 己未라는 넓은 사막이 가로막고 있어 酉金이 乙木을 공격하기가 쉽지 않겠다는 생각이 든다.

그렇다.

酉金에게는 乙木에 대한 공격 의사가 있지만, 놓여 있는 위치로 말미암아 공격하기가 쉽지 않다. 酉金이 일주(日主) 乙木을 공격하지 않는다면, 충분히 해결사로 기용할 수 있지 않겠는가?

癸水가 힘을 쓰든지 말든지, 파괴되든지 말든지 酉金은 癸水 인성(印星)를 일편단심으로 생조(生助)해 주고 있으니 그 정성이 갸륵하고 고맙기 그지없을 뿐이다.

그렇다면

酉金은 그 역량이 쓸만한가? 흉악한 土집단으로부터 피해를 당하지는 않는가?

+ⓕ상관 -ⓚ日主 -ⓣ편재 -ⓦ편인   ⓚ 火 土 金 水

丙　乙　己　癸   1 2 3 1 1

戌　巳　未　酉

+ⓣ정재 +ⓕ상관 -ⓣ편재 -ⓖ편관

土生金!

아무리 흉악한 土 집단이라 할지라도 제 자식 酉金은 죽이지 않는다. 막강한 土의 과도한 지원으로 인해 간간이 소화불량은 걸릴지라도, 土의 자식인 酉金은 결코 土로 인해서 파괴되지는 않는다.

火의 화극금(火剋金)공격에 대비해서 土가 방어벽을 쳐주고 있을 뿐 아니라, 땅 속(지지)에 있으니 酉金은 매우 안전하다.

참신(讖神)으로 사용할 수 있는 酉金이 안전하기는 하지만, 명(命)은 화세(火勢)가 강한 판국이라, 화극금(火剋金)을 두려워하는 酉金이 마음놓고 활약할 수는 없다. 酉金의 길(吉)함이 별로 발휘되지 못해서 안타까운 상황이다.

참신(讖神)인 酉金의 유용성이 불량하다는 아쉬움을 토로하고 있지만, 이 명(命)은 오행이 주류(周流)하고 있고, 기신(忌神)으로 판별된 土 역시 3개로서 지나치게 많은 편은 아니다. 한 마디로 말하자면 제법 쓸만한 명(命)이라고 말할 수 있다.

그러나 오행의 개수(個數)로 보자면 그런 대로 쓸만해 보이지만, 오행(五行)들이 놓인 위치를 살펴보면, 길신(吉神)들의 활약을 크게 기대하기 어렵다는 것을 알 수 있다. 그러한 아쉬운 점 때문에 빛 좋은 개살구가 될 수 있으니, 항상 신중하고 조심스럽게 처신해야 할 팔자라고 말할 수 있다.

3. 명(命)의 통변

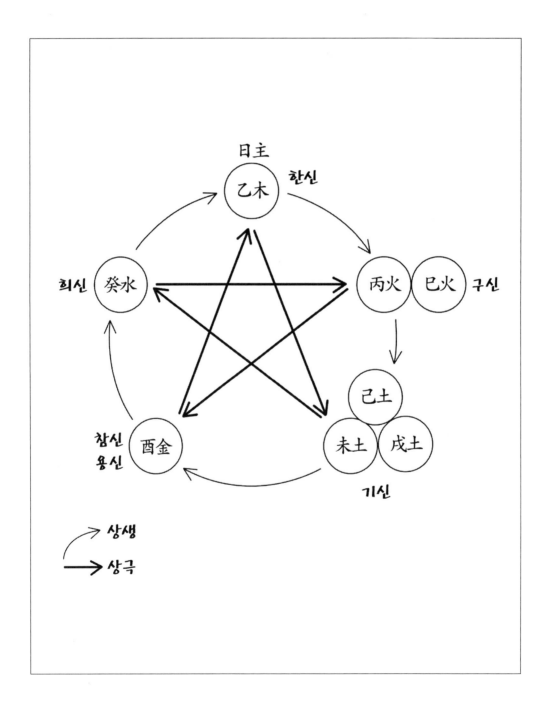

지금까지의 검사 결과를 기초로, 이 사주의 '희용기구한'을 확정해 보자.

① 기신(忌神)

土가 제일 많아서 신약격 사주가 되었으니 土가 기신(忌神)이다.

② 구신(仇神)

土 기신(忌神)을 화생토(火生土)로 부추긴 火가 구신(仇神)이다.

③ 참신(讖神), 용신(用神)

土 기신(忌神)을 설기(洩氣)하면서, 水 희신(喜神)을 생조(生助)하는 金이 참신(讖神)이고, 용신(用神)이다.

④ 희신(喜神)

신약한 일주(日主) 乙木을 수생목(水生木)으로 생조(生助)하는 水가 희신(喜神)이다.

⑤ 한신(閑神)

본심(本心)은 아니었다고 하더라도, 목생화(木生火)라는 이적행위(利敵行爲)로, 결국에는 강한 土 기신(忌神)을 더욱 막강하게 만들어 준 木이 이중간첩 한신(閑神)이다.

+⊕火상관 -⊛木日主 -⊕土편재 -⊛水편인   ⓦ木 火 土 金 水
　　　　　　　　　　　　　　　　　　　　 1　2　3　1　1

丙　乙　己　癸
戌　巳　未　酉

+⊕土정재 +⊕火상관 -⊕土편재 -⊕金편관

가. 기본도(基本圖)

일주(日主)가 乙木이니, 그림의 주제는 초목(草木)이다.

그러나 그 초목(草木)은 광활한 사막, 뜨거운 모래밭에서 보일 듯 말듯 자라고 있다. 음목(陰木)이니 작고 연약하며, 이 사주에서는 木이 절대적으로 허약하기 때문에 생육 상태가 매우 불량하다. 모래와 화산 등으로 인해 환경이 지극히 열악하다.

화산(火山)으로 인한 화재가 발생하여 모래바닥을 휩쓸고 있다. 초목(草木)의 잎에도 불이 붙어 화세(火勢)를 북돋운다. 화산재, 흙먼지, 고열(高熱)로 인해 광합성 작용을 방해받기 때문에 乙木의 몰골은 매우 초췌해진다.

사막 너머에는 癸水가 흘렀던 흔적이 남아 있지만, 모래의 흡수(吸水)와 화산의 열기(熱氣)로 증발(蒸發)되어 물 한 방울 흐르지 않고 있다.

생명수(生命水)를 만들어 내는 물탱크가 1개 놓여져 있다. 헌데, 물탱크가 놓여져 있는 곳은 乙木이 있는 곳과는 반대쪽이니, 乙木이 급수(給水) 혜택을 받기는 쉽지 않을 것 같다.

나. 통변순서

(1) 성품

(2) 조상

(3) 부모

　　(가) 아버지

　　(나) 어머니

(4) 형제

(5) 배움(학문)

(6) 배우자

　　(가) 아내

　　(나) 남편

(7) 자녀

(8) 시부모

(9) 처가

(10) 관운

(11) 직업

(12) 건강

(13) 부부관계

(14) 행운(幸運)

    (가) 색깔

    (나) 방향

    (다) 숫자

(15) 궁합

(16) 개운책

+⓪상관 -⑧日主 -⓪편재 -⑳편인 　⑧ 火 土 金 水
丙 乙 己 癸 　1 2 3 1 1
戌 巳 未 酉
+⓪정재 +⓪상관 -⓪편재 -⑳편관

다. 명(命)의 통변 실례

(1) 성품

木은 한신, 水는 희신, 土는 기신, 火는 구신, 金은 참신, 용신으로 판정되었다. 판정 내용을 항상 염두에 두고 통변을 해야 한다.

일주(日主) 乙木을 먼저 살펴보자.

> 기회만 주어지면 길신(참신, 용신, 희신)은 항상 나무를 건강하게 자라도록 노력하는 것으로, 흉신(기신, 구신)은 나무를 고사(枯死) 시키려고 노력하는 것으로 통변한다. 한신(閑神)은 길흉 작용이 수시로 변하게 되므로 많은 주의를 기울여서 통변해야 한다.

+㉛상관 -㈱日主 -㈯편재 -㈬편인　㈱　火　土　金　水
　　　　　　　　　　　　　　　　　　1　2　3　1　1

丙 乙 己 癸
戌 巳 未 酉

+㈯정재 +㉛상관 -㈯편재 -㈮편관

일주 乙木

乙木은 음목(陰木)이니 작고 연약하다. 그 본성이 착하고 부드러우며, 유연하다. 우회적이며 상대방의 입장을 헤아릴 줄 안다. 상황(狀況)에 따라 굽힐 줄 알고 환경에 잘 적응하며 순리(順理)를 따르기 때문에 무리를 하지 않는다.

벽을 타고 소리 없이 올라가는 담쟁이넝쿨이니 은근하면서도 끈기가 있다. 강한 해풍(海風)에도 꺾이지 않는 갈대이다. 굽힐 줄 알기 때문에 쉽게 부러지지 않으며 변화(變化)를 잘 수용한다. 연약한 듯해도 내면에 강한 끈기와 자존심(自尊心)이 있다. 생존력이 강하고 인내(忍耐)하는 능력도 좋다.

초원(草原)이나 골프장의 넓고 파란 잔디밭이니, 성격이 모나지 않고 원만하다. 대세의 흐름에 따르고 화합(和合)하는 마음이 있다. 스스로는 높이 올라갈 수 없으니 큰 나무를 감고 올라가 언젠가는 그 위에 선다. 의타심(依他心)이 있다.

줄기는 하늘거리며 연약한 듯해도 쉽게 부러지지 않는다. 잎에 비해 줄기가 약하니 짐이 무겁다. 우유부단한 면이 있어 결단(決斷)을 못 내리고 머뭇거리는 경우가 있다.

+⊛상관 -⊛日主 -⊕편재 -⊛편인   ⊛ 火 土 金 水
丙 乙 己 癸   1 2 3 1 1
戌 巳 未 酉
+⊕정재 +⊛상관 -⊕편재 -⊛편관

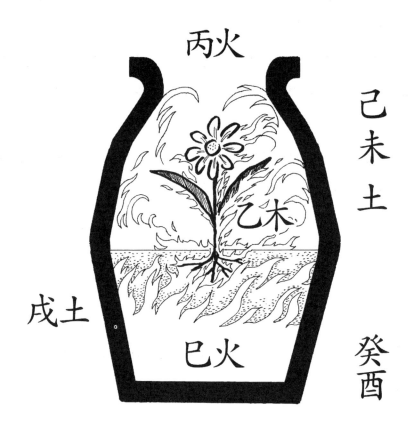

일주(日主) 乙木의 타고 난 본성을 살펴봤다. 하지만 모든 일주(日主)는 환경, 즉 사주를 구성하고 있는 다른 오행들로 인해, 타고난 본성을 제대로 발휘할 수 없게 되는 경우가 허다하다. 본성과는 다른 독특한 성격을 나타내는 것이다. 사주표를 자세히 보면서 일주(日主) 乙木의 환경을 살펴보자.

일간(日干) 乙木을 중심에 두고 월주, 일지, 시주가 모두 흉신(凶神)인 火·土로 구성되어 있다. 일주(日主)가 火·土 흉신 집단에 포위되어 있고, 길신(吉神)들로부터 격리된 형국이다. 고립무원(孤立無援)이나 사면초가(四面楚歌)란 말은 우리의 일주(日主) 乙木을 두고 하는 말이리라.

더군다나, 일주(日主) 乙木은 불장난(木生火)을 좋아한다. 불장난으로 구신(仇神)인 火를 생산하기 때문에 상황이 더욱 악화된다. 그래서 일주는 불이 이글거리는 화로(火爐) 속에 들어있는 화초(花草)가 된다. 화초(花草)를 땔감으로 사용하는 화로(火爐)는 화초(花草)가 살아갈 곳이 못 된다. 화로 속에 든 乙木은 살아있어도 사는 게 아니다.

土는 흙벽이다. 월주 己未가 높고 두꺼운 흙벽을 쳐서 일주(日主)를 길신 집단(年柱)과 단절을 시켰으며, 시지에도 戌土가 있어 좌우에 모두 흙벽이 쳐진 것이니, 한마디로 말하면 항아리라고 할 수 있다. 항아리의 흙벽은 화기(火氣)를 빨아들여 열기(熱氣)를 보존하면서 화기(火氣)의 분산을 막기 때문에, 항아리 속은 엄청난 열기(熱氣)를 지니게 된다. 그래서 일주(日主) 乙木을 '화로 속에 놓인 화초'라고 했던 것이다.

일주(日主) 乙木의 열악한 사정은 성격으로 곧바로 나타나게 된다.

어떤 성격을 보여주게 될까?

+⑰상관 -㊍日主 -㊏편재 -㊌편인   ㊍ 火 土 金 水
　　　　　　　　　　　　　　　　1 2 3 1 1

丙 ⓛ 己 癸
戌 巳 未 酉

+㊏정재 +⑰상관 -㊏편재 -㊎편관

화약고

또
불장난..?

석유창고

모르시는 말씀
너무나
뜨... 뜨거워서..!

甲·乙木은 뿌리를 내린 곳에서 자라려고 하기 때문에 나돌아 다니는 이동성 (移動性)이 불량하다. 본성이 이러한 乙木 화초(花草)가 뿌리를 불구덩이에 박고 있다. 불구덩이 속에서는 견뎌날 수가 없다.

초미(焦眉)라는 말이 있다. 흔히, "초미의 관심사…" 등으로 쓰이는 말이다. 초미(焦眉)란 눈썹에 불이 붙은 것처럼 사정이 다급하다는 의미이다. 일주(日 主) 乙木의 사정이 바로 그와 같지 않은가?

살아남기 위해서는 도망이라도 가야 하는데, 사방을 흙벽이 가로막고 있어서 불을 피하는 것도 쉽지 않다. 살기 위해서는 수단과 방법을 가리지 않아야 한다. 되든 안되든 일단, 시도(試圖)는 해봐야 한다. 그래서 일주(日主)는 분주하고 다급한 성격을 나타내게 된다. 뭔가를 해야겠다는 생각이 들면 잠시도 견디질 못하고 일을 저지른다.

그러나 모든 기(氣)를 火·土에게 빼앗겨버려 그 기세가 허약하니 유시무종 (有始無終)이다. 여기저기에 마구잡이로 일을 벌이지만 그 마무리는 기대하기 어렵다.

살기 위해서 다급하고 무분별하게 탈출구를 찾는 것을 탓할 순 없다. 그러나 일주(日主) 乙木은 한신(閑神)이라는 것을 잊어서는 안 된다. 이런 다급하고 무분별한 성격은 당장에는 도움(길)이 되겠지만, 결국에는 손해(흉)를 가져오게 된다.

+Ⓕ상관 -Ⓖ日主 -Ⓣ편재 -Ⓦ편인   Ⓖ 火 土 金 水
                                   1 2 3 1 1

丙 乙 己 癸
戌 巳 未 酉

+Ⓣ정재 +Ⓕ상관 -Ⓣ편재 -Ⓜ편관

일주(日主)가 극도로 허약하니 심신(心身)이 쇠약하다.

火가 강하니 떠오르는 생각은 많은데, 일주(日主)가 쇠약하기 때문에 그 생각들을 감당할 수 없다. 치솟는 열기(熱氣)는 해소되지 못하고 모두 위쪽으로 치솟는다. 열기가 두뇌로 모이게 되니 노이로제, 피해망상 등 정신적인 문제를 일으킬 수 있다.

일주(日主)는 乙木의 본성 중 유연하고 우회적이며 상대방의 입장을 헤아릴 줄 아는 성격은 유지한다. 그러나, 그런 성격은 허약한 일주(日主)가 살아남기 위해서 선택한 고육지책(苦肉之策)이기 때문에 남들이 보기에는 눈치를 잘 보는 것으로, 기회주의자로 비춰질 수 있다.

乙木의 대명사인 은근과 끈기, 꺾이지 않는 의지(意志)는 더 이상 유지할 수 없다. 잠시 동안은 본성에 따라 그런 성향을 보여 줄 수 있지만, 조금만 시간이 지나면 조루증(早漏症)을 보일 수밖에 없다. 눈썹에 불이 붙었는데, 발등에 불이 떨어졌는데 어찌 은근하고 끈질길 수 있겠는가? 변화(變化)를 잘 수용하는 듯 보이는 성향은 변덕부림으로 봐야 한다.

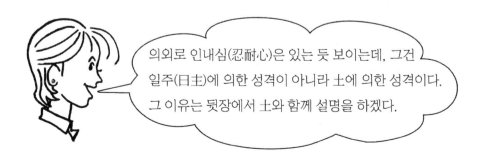

의외로 인내심(忍耐心)은 있는 듯 보이는데, 그건 일주(日主)에 의한 성격이 아니라 土에 의한 성격이다. 그 이유는 뒷장에서 土와 함께 설명을 하겠다.

+㉨상관 -㉭日主 -㈯편재 -㉰편인 ㉭ 火 土 金 水
　　　　　　　　　　　　　　　　　 1 2 3 1 1
丙 乙 己 癸
戌 巳 未 酉
+㈯정재 +㉨상관 -㈯편재 -㉧편관

　乙木의 역량이 작으니 자존심과 의지가 약하다. 지는 것엔 능숙하지만 이기는 것은 서투르다. 결단(決斷)을 내리지 못하고 눈치를 보면서 머뭇거리다가 도리어 문제가 발생하고 손해를 본다. 눈치를 본다는 의미와 잽싸다는 의미는 별개임을 유념하기 바란다. 눈치 보기만 할 뿐 결행(決行)을 못하는 경우가 많기 때문이다.

　미래지향적인 본성을 지녔지만, 내심(內心)은 희망과 좌절(挫折) 사이를 수없이 오락가락한다. 무리에서의 지위(地位)에는 욕심이 없고, 체면보다는 실리를 중시한다.

　水는 잉크를, 木은 종이를 의미한다. 그래서 일주(日主)는 잉크와 종이를 좋아하게 된다. 일기를 쓴다든지 메모를 하는 등 항상 꼼꼼하게 기록하려 한다. 乙木은 칡넝쿨로서 엮는 기질이 있다. 기록을 책으로 엮든지 보따리에 싸서 정리한다.

　癸水가 고갈(枯渴)되었으니 잉크가 고갈된 것이므로 애로가 있을 수 있지만, 작가(作家)가 될 수 있는 소질을 갖게 된다. 독서를 좋아하고, 필요한 정보는 책에서 찾고, 중요한 자료는 잘 보관한다.

+㊋상관 -㊍日主 -㊏편재 -㊌편인　㊍　火　土　金　水

丙　乙　己　癸　　　1　2　3　1　1

戌　巳　未　酉

+㊏정재 +㊋상관 -㊏편재 -㊎편관

알아서
모시겠습니다요.
형님

土집단

해외진출을
검토해
보심이...

비가 오려나
눈이 오려나..

사 장

乙木

　명(命)은 8명으로 구성된 조폭(組暴)에 비유할 수 있겠다.

　조폭(組暴)이니까 두목(頭目)과 조직원이 있기 마련이다. 물론, 두목은 일주(日主)를 의미하고 조직원은 여타(餘他) 오행들을 의미한다.

　신왕격(身旺格)이라면 두목인 일주(日主)의 역량이 막강한 상황이고, 신약격(身弱格)이라면 두목의 역량이 부족한 상황이 되겠다.

　신왕격의 두목(頭目)은 자신의 역량이 막강하므로 길흉(吉凶)을 불문하고 본성은 본성대로, 꼬라지는 꼬라지대로, 제대로 발휘한다. 힘 좋은 두목이 명령을 내리면 조직원들은 군말 없이 그의 말을 따르기 때문이다.

　그러나 신약격의 두목(頭目)은 자신의 역량이 부족하므로 본성이든 꼬라지든 제 마음대로 발휘할 수 없다. 두목이 허약하니 조직 내에 막강한 실력자, 실권(實權)을 쥐고 있는 실세(實勢)가 따로 있게 된다.

　조직원들은 힘없는 두목의 명령보다는 실세(實勢)의 의중(意中)을 먼저 살피고, 두목 자신도 실세(實勢)의 눈치를 살피게 되는 것은 인지상정(人之常情), 자연스러운 현상이다. 이럴 경우, 막강한 역량을 지닌 기신(忌神)이 실세(實勢)일 가능성이 많다.

　일주(日主)가 허약한 경우에도, 일주(日主)가 본성을 발휘하기는 한다. 다만, 역량이 부족한 관계로, 잠시 잠깐 동안만 본성을 나타내거나 혼잣말로 불만을 해소하면서 본성을 감춘다. 그러다 보니 성취(成就)해도 불만스럽고 실패해도 불만스럽다. 시간이 지난 다음에 후회를 하는 일도 많아진다.

+㊋상관 -㊍日主 -㊏편재 -㊌편인　㊍　火　土　金　水
　　　　　　　　　　　　　　　　　　 1　2　3　1　1

丙 乙 己 癸
戌 巳 未 酉

+㊏정재 +㊋상관 -㊏편재 -㊎편관

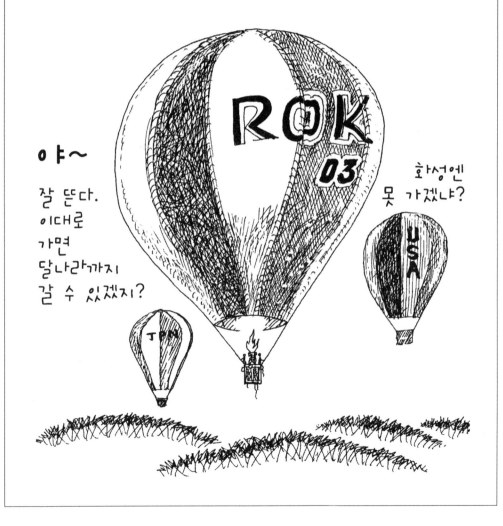

야~

잘 뜬다.
이대로
가면
달나라까지
갈 수 있겠지?

화성엔
못 가겠냐?

乙木은 본성대로 뭐든지 엮고자 하지만, 엮는 끈이 가늘고(身弱) 불이 붙어 버렸기 때문에 마음만 있을 뿐 뜻을 이루기는 어렵다. 엮으려던 끈들이 널려 있으니 도리어 난마(亂麻)처럼 어지럽다. 모든 일의 매듭을 짓지 못하여 뒷마무리가 부족한 사람이라는 평판을 받게 된다.

乙木의 엮는 기질은 자기 스스로 자신을 묶는 자승자박(自繩自縛)을 유발하기도 한다.

乙木은 뿌리가 깊지 않은 천근성(淺根性) 식물로서 약간의 이동성(移動性)을 지니기 때문에 생각이나 행동이 무겁지는 않다.

이 사주의 경우에서는 乙木이 화염(火焰)에 휩싸인 멸기(滅氣) 직전의 상황이기 때문에 너무나 많은 생각들이 중구난방(衆口難防)으로 떠올랐다가 이내 사라진다. 말이나 행동에 두서(頭序)가 없다.

한 번 일어난 생각은 그 끝을 알 수 없을 정도로 부풀어 올라, 온 세상을 가득 채워버린다. 그 생각들은 너무나 주관적(主觀的)인 부풀림이기 때문에 허상(虛想)에 가깝다고 말할 수 있다. 과대망상(誇大妄想)인 것이다. 부풀림의 정도가 심해지면 정신병자(精神病者)라는 소리도 들을 수 있다.

+㊋상관　-㊍日主　-㊏편재　-㊌편인　　㊍　火　土　金　水

　　　　　　　　　　　　　　　　　　1　2　3　1　1

丙 乙 己 癸
戌 巳 未 酉

+㊏정재　+㊋상관　-㊏편재　-㊎편관

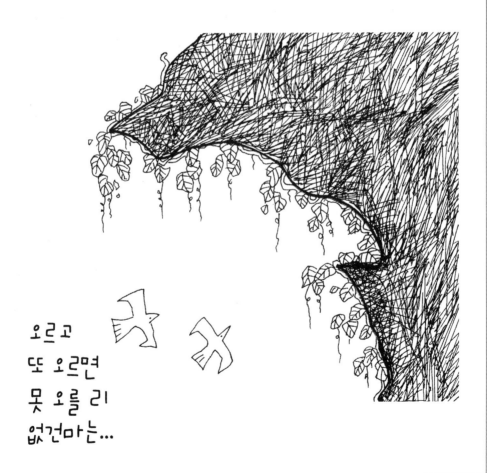

오르고
또 오르면
못 오를 리
없건마는...

乙木 화초(花草)의 뿌리는 크지 않기 때문에 땅속으로 깊게 들어가지 않는다. 그래서 과거에 집착하지 않는다. 과거(過去)보다는 현재, 그리고 미래(未來)를 중시한다. 큰 나뭇잎도 약한 바람에 흔들리듯이, 자잘한 난관에도 의외로 쉽게 좌절하지만, 그렇다고 해서 포기하지는 않는다. 칠전팔기(七顚八起)의 기질은 있는데, 문제는 그런 칠전팔기(七顚八起)를 하루에도 몇 번씩 겪어야 한다는 점이다. 한평생을 요동치는 배(船) 위에서 사는 격이다.

乙木은 유연하여 굽힐 줄 알기 때문에 부러지지는 않는다. 또한, 일주(日主)가 허약하다 보니 자존심을 내세워야 할 때인 줄 잘 알면서도 자존심을 내세우지 못하는 경우가 있다. 자신의 유리한 핑계도 상대방의 불리한 핑계에게 힘없이 무너진다. 그 결과로 진퇴양난(進退兩難)의 경우를 맞이하게 되지만, 그 덕분에 살아남을 수 있으니 이러한 양보심(讓步心)을 갖는 것은 차라리 다행스러운 것이다. 다만, 그러한 과정에서 생긴 스트레스는 일주(日主)에게 참기 힘든 고통이 된다는 점을 간과해서는 안된다.

웅대한 꿈과 이상(理想), 그리고 뜨거운 정열(情熱)로 인해 이곳저곳에 사업을 벌이지만 돈을 벌기도 전에 쓸 곳이 먼저 생기므로 성공하기는 쉽지 않다. 그래서 다사다난(多事多難)하게 되고, 풀기 어려운 난제(難題)들이 발목을 휘감을 수 있다.

+㊋상관 -㊍日主 -㊏편재 -㊌편인   ㊍   火   土   金   水
丙 乙 己 癸   1   2   3   1   1
戌 巳 未 酉
+㊏정재 +㊋상관 -㊏편재 -㊎편관

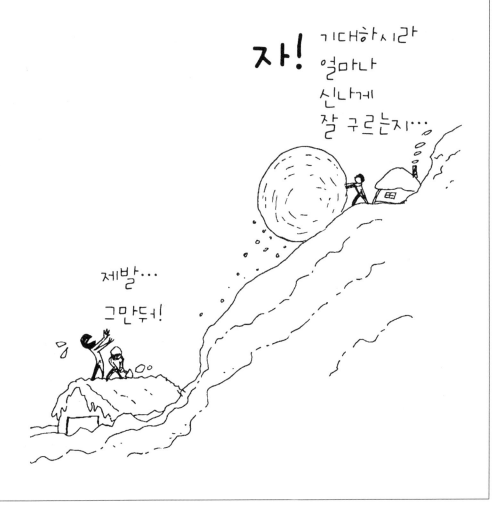

자!

기대하시라
얼마나
신나게
잘 구르는지…

제발…
그만둬!

* 오행주류

이 사주는 일주(日主)가 허약하기는 하지만, 오행(五行)을 모두 갖추고 있다. 오행을 모두 갖췄다는 것은 농부(農夫)가 영농에 필요한 농기계를 모두 다 갖추고 있는 것과 같다. 갖춘 자와 못 갖춘 자는 마음자세에서부터 차이를 보인다. 갖춘 자에게서는 마음의 여유(餘裕)를 느낄 수 있는 것이다.

상황이 악화되면, 발등에 불이 떨어지면 후다닥 뛰어나가겠지만, 일단 오행주류(五行周流)하니 하늘이 무너져도 솟아날 구멍이 생기는 것으로, 난관에서는 귀인의 도움을 받아 어려움을 극복하는 것으로, 되든 말든 희망적인 생각을 갖게 된다. 그리고, 우여곡절(迂餘曲折)을 겪을지언정 두드리면 어떻게든 문이 열리기 때문에 순리적이고 여유 있는 성품을 지니게 된다.

하지만, 굴러간다고 해서 항상 좋은 것은 아니다. 악순환의 연결고리는 일찌감치 끊어버려야 쉽게 매듭이 지어지는데, 비틀거리면서도 엎어지지 않고 계속 굴러가게 되니 부담이 눈덩이처럼 커질 수도 있음을 유념해야 한다.

여유 있는 성품은 자칫 나태함으로 이어져 무책임한 백수건달이 될 수 있다. 다람쥐 채 바퀴 돌 듯 동분서주하지만 헛수고가 될 수도 있다.

+⑰상관 -⑧日主 -⑤편재 -⑳편인 ⑧ 火 土 金 水

丙 乙 己 ㉠

戌 巳 未 酉

1 2 3 1 1

+⑤정재 +⑰상관 -⑤편재 -㉮편관

癸水

천간(天干)은 하늘에 노출되어 있는 일(天露 천로)이고, 지지(地支)는 땅 속에 감춰져 있는 일(地藏 지장)이다.

하늘은 공개된 곳이니 천간에 따른 성품은 크게 남의 눈에 띄는 것이 되고 남들도 잘 아는 사항이 된다. 땅 속은 은폐된 곳이니 지지에 따른 성품은 남의 눈에 잘 띄지 않은 것이 되고 남들이 잘 모르는 은밀한 사항이 된다. 노출되고 감춰지는 것에 따른 길흉의 해석은 간지(干支)의 희기(喜忌)에 따른다.

연간에 癸水가 떠 있다.

희신(喜神)이지만, 土 집단의 무자비한 공격을 받아 치명타를 입고 처참하게 파괴되었다는 것은 이미 살펴본 바 있다. 지지에 튼튼한 뿌리를 박아두지 못하고 천간에 노출되어 있었기 때문에 흉신들의 집중포화(集中砲火)에 쉽게 추락한 것이다.

그러나 어찌됐건, 일주 乙木에게는 인성(印星 편인) 癸水가 있다. 더군다나 남들이 잘 알 수 있는 천간에 놓여 있다. 파괴가 되었다고 해서, 있는 것을 없다고는 할 수 없다. 그래서 더 괴로운 것이다.

있어서 더 괴롭다?

+⊕상관 −⊛日主 −⊕편재 −⊛편인 ⊛ 火 土 金 水
1 2 3 1 1

丙 乙 己 ㉽
戌 巳 未 酉

+⊕정재 +⊕상관 −⊕편재 −⊛편관

찔끔이 상수도!
저걸 믿고
기다려야 하나?

길신(吉神) 癸水가 천간에 있다는 것은, 비록 눈치를 주기는 하지만(편인이니까) 좋은(희신) 어머니(인성)가 존재한다는 것을 만천하에 공표하고 있는 격이다. 그래서, 우선은 癸水의 긍정적인 면들이 부각된다.

자애심(自愛心)이 있어 보이고, 배우는 것을 좋아한다. 癸水가 촉촉이 대지를 적시는 것으로 착각을 하게 되니, 순리적이며 여유가 있는 성품으로 보이기도 한다. 그러나, 실상인즉 癸水는 파괴되었고, 고갈되었다. 이제까지의 모든 것들은 희망사항이고 허상(虛想)일 뿐이다.

미련(未練)과 헛된 기대가 많은 사람이 된다. 어머니가 있기 때문이다. 비록, 광활한 사막(沙漠) 너머에 있긴 하지만, 그래서 일주(日主)에게 간혹 편지를 통해 격려할 뿐 직접적인 후원(後援)은 못하지만, 그래도 자신을 사랑해주는 어머니가 있기 때문에, 일주는 고아원엘 들어가지 않는다. 날마다 고아원 앞을 서성거리면서 마음속으로는 빨리 돌아오라고 애타게 어머니를 부르는 것이다.

차라리 어머니가 없었더라면, 미련을 버리고 고아원에 들어가서 등 따습고 배부르게 자랄 수 있었으련만, 괜히 제 역할을 다하지 못하는 어머니가 있는 바람에 성장에 큰 방해(妨害)를 받고 있는 것이다.

+㊋상관 −㊍日主 −㊏편재 −㊌편인   ㊍ 火 土 金 水

丙 乙 己 ㉡   1 2 3 1 1 1

戌 巳 未 酉

+㊏정재 +㊋상관 −㊏편재 −㊎편관

타인으로부터 쉽게 도움을 받지 못한다.

그러므로 후원(後援)해 주겠다는 약속을 믿었다가는 낭패를 보기 쉽다. 그 이유는 癸水가 고갈되었기 때문이다. 만약, 癸水가 좋은 자리를 차지하고 있으면서 파괴되지 않았더라면, 효과적으로 후원(後援)을 받는다고 해석할 수 있다.

그렇다고 해서 일주(日主)가 말라비틀어져 죽진 않는다. 癸水가 있기 때문이다. 어머니를 애타게 기다리다가 지치고 지쳐서 죽을 각오를 하고 어머니를 찾아 나선다. 드넓은 사막(沙漠)을 천신만고(千辛萬苦) 끝에 통과해서 드디어 어머니를 만났다. 맺힌 한(恨)이 많기 때문에 모자(母子)가 상봉(相逢)하는 장면은 눈물 없이는 보기 어려울 정도로 감동적이었다.

그 감동이 가라앉자, 모자(母子)는 서로의 꼬락서니를 살핀다.

"이럴 수가!"

두 사람의 입에서 동시에 탄식이 터져 나온다. 일사병에 걸려 정신을 제대로 못 가누고, 온몸에 열꽃이 핀 아들 乙木의 꼬락서니도 처참했지만, 피골(皮骨)이 상접한 어머니 癸水의 꼬락서니는 더 참혹했다. 말 그대로 산송장과 다름이 없었다.

서로의 몰골을 확인한 모자(母子)는 다시 부둥켜안고 대성통곡을 한다. 그들은 이미 물이 말라버렸기 때문에 통곡소리만 클 뿐 눈물은 한 방울도 나오지 않았다.

+㊋상관 -㊍日主 -㊏편재 -㊌편인 ㊍ 火 土 金 水
丙 乙 己 ㉿ 1 2 3 1 1
戌 巳 未 酉
+㊏정재 +㊋상관 -㊏편재 -㊎편관

癸水는 일주(日主)를 잠시 그늘에 쉬고 하고서 지나가는 사내를 유혹한다. 매춘(賣春)을 하기 위함이다. 癸水는 정기(精氣)가 모인 결과물이기 때문에 미인(美人)에 비유할 수 있다. 土 집단은 癸水의 관살(官殺 정관·편관)에 해당하니 土를 사내로 보면 된다. 그래서 그녀는 사내들에게 인기가 많다고 할 수 있는데, 土는 고지식함을 의미하기 때문에 나이가 든 사내들로 봐야 한다.

아무튼, 사내들의 욕정(欲情)은 그녀의 몰골과는 상관이 없었나보다. 그녀는 성공적으로 매춘(賣春)을 완료하고, 화대(花代)로 받은 약간의 음료수와 음식, 잔돈푼을 일주(日主)에게 건네주고는, 서둘러 일주(日主)를 고향으로 돌려보낸다.

어머니가 등을 떠밀자 떨어지지 않는 발걸음을 옮기는 일주(日主)는 뒤돌아보고 또 돌아보면서 또다시 사막(沙漠)을 지나 고향으로 돌아간다. 어찌됐건, 일주(日主)는 어머니로부터 지원을 받기 때문에 죽지는 않고, 근근히 목숨을 이어가게 되는 것이다.

왜, 癸水는 일주(日主)를 가까이 두지 않고 고향으로 돌려보냈을까?

파괴된 癸水의 입장에서는 상생 지원해야 할 일주(日主) 乙木이 결코 반갑지 않기 때문이다. 그 뿐 아니라, 乙木의 본성은 목극토(木剋土)하는 것이기 때문에, 제 어미가 몸을 파는 이유는 생각해보지도 않고 어미를 겁탈하는 사내(土)만 보면 가만히 있질 못한다. 일주(日主)가 허약해서 강한 土를 제압하지도 못하면서, 본성대로 목극토(木剋土)하겠다고 사내(土)에게 달려들어 분란(紛亂)을 일으키기 때문에, 癸水가 궁여지책(窮餘之策)으로 선택한 매춘(賣春)행위에 막대한 지장을 초래하게 된다. 그래서 일주(日主)를 서둘러 고향으로 돌려보낸 것이었다.

+⑩상관 −⑧日主 −⑪편재 −⑪편인 ⑧ 火 土 金 水

丙 乙 己 癸 1 2 3 1 1

戌 巳 未 酉

+⑪정재 +⑩상관 −⑪편재 −⑪편관

『통변실례 ①』에서 등장했던 전갈이나, 자식을 먹여 살리기 위해 매춘하는 癸水, 어미를 탐하는 건장한 사내들에게 달려드는 허약한 乙木처럼 모든 오행은 언제나, 어디서나, 언제까지나 죽을 둥 살 둥 자신의 본성에 충실하다는 것을 유념하고 있어야 한다.

몸을 팔아서 일주(日主)를 지원한 癸水의 정성은 갸륵하지만, 이런 어머니는 차라리 없느니만 못하기 때문에, 길신이 사주 내에서 극파(尅破)되는 것을 흉하게 여기는 것이다.

만약 癸水가 사주에 없다면, 이것은 어미가 팔자를 고쳐서 제 한 몸 잘 살아보겠다고 일주(日主)를 버리고 간 것에 비유할 할 수 있다. 그런 상황이라면 乙木은 고아원엘 들어가던 입양을 가던, 조금 아쉽기는 하지만, 일단 어미에 대해서 신경을 쓰지 않고, 미련을 두지 않고, 마음 편하게 살아갈 수 있었을 것이다.

사주에 水 인성(印星)이 없었더라도 운(運)에서 水를 만나면, 막강한 土가 집중적으로 공격을 하기 때문에 극파(尅破)가 발생하게 되니 주의해야 한다. 지금껏 평온하다가 갑자기 어머니에 대한 불상사(不祥事)가 발생한다든지, 큰 변화의 소용돌이 속에 빠져서 크게 손해를 볼 수 있기 때문이다.

말이 나온 김에 사주 내에서 발생하는 충·합(合)과 운(運)에서 만나는 충·합(合)이 어떻게 다른지 좀 더 알아보고 넘어가자.

인간이 살아서 출생했다고 하는 것은, 사주가 그런 대로 유지(維持)되고 있는 것으로 볼 수 있다. 그렇기 때문에, 길흉(吉凶)을 불문하고, 일주(日主)가 사주 내에 있는 모든 충(沖)이나 합(合)의 작용에 잘 적응하고 있는 것으로 봐야한다. 초보자들은 흔히 합(合)의 영향력을 간과(看過)하기 쉬운데, 합(合)도 충(沖)만큼이나 영향력이 있으니 자세히 살펴야 한다.

이해를 돕기 위해서 사주를 한 척의 배(船)에 비교해 보겠다.

충·합이 있다는 것은 배 밑바닥에 하자가 있다는 것이다. 충(沖)이라면 깨져서 벌어진 것이 될 것이고, 합(合)이라면 녹아서 뚫린 것이 될 것이니 하자(瑕疵)가 분명하게 있는 것이다.

인간이 살아서 출생했다는 것은 곧, 배가 출항(出航)을 했다는 것이다. 배가 출항을 했다는 것은 배 밑바닥의 하자(瑕疵)를 어떻게든 처리했다는 의미이다. 종이를 발랐던지 풀칠을 했던지, 아무튼 보완조치가 되었기 때문에 출항(出航)할 수 있었을 것 아닌가?

보완조치를 했다고는 하지만, 하자는 분명한 하자이다. 아무리 보완조치를 잘했다고 하더라도 애당초 갈라지지 않는 밑바닥보다는 튼튼하지 않을 것이다. 그 모든 게 운명(運命)이니 교체는 불가하다. 불안감은 있지만 일주(日主)는 운명이라 여기고, 운명의 시간에 닻을 올리고, 운세의 바람을 맞으면서 출항을 했던 것이다. 하자가 있는 부분이 취약(脆弱)하기는 하지만, 배가 침몰할 정도로 물이 들어오지는 않는다.

이처럼, 사주 내에 있는 충·합(合)은 원초적인 것이어서 두고두고 일주(日主)의 애간장을 타게 만들지만, 일주(日主)가 적응력을 갖고 있기 때문에 돌발적으로 문제를 일으키지는 않는다.

운(運)에서 만난 충·합(合)은 사주 내에 있는 그것과는 확연하게 다르다. 사주 내에 있는 충·합(合)은 선박 자체의 결함이지만, 운(運)에서 만난 충·합(合)은 외부에서 날아오는 어뢰(魚雷)이기 때문이다.

미사일이나 어뢰(魚雷)의 공격을 받고도 피해를 입지 않을 선박은 없다. 외부의 일시적인, 새로운 공격에 대해서는 적응력(適應力)이라는 낱말을 꺼내기가 곤란하다.

멀쩡하던 밑바닥도 충(沖)이 되면 갈라터지고, 합(合)이 되면 녹아서 뚫어지는 판국이기 때문에, 사주 내에서 이미 충·합이 되어 임시방편으로 보완조치를 취했던 부분을 또 충·합(合) 당하면 그 충격은 치명적인 것이 될 수 있다. 그때는 각별한 주의가 요구되는 운세(運勢)가 된다.

이번에는 천간에 있는 구신(仇神) 丙火로 인해 표출되는 성격을 살펴보자.

사주 내에 있는 충·합이나 대세운에서 만나는 충·합 모두 이미 정해져 있는 것이니 운명적이라고 밖에…

+⊕火상관 -㊍日主 -⊕土편재 -㊌편인   ㊍ 火 土 金 水
                                     1 2 3 1 1

丙 乙 己 癸
戌 巳 未 酉

+⊕土정재 +⊕火상관 -⊕土편재 -㊎편관

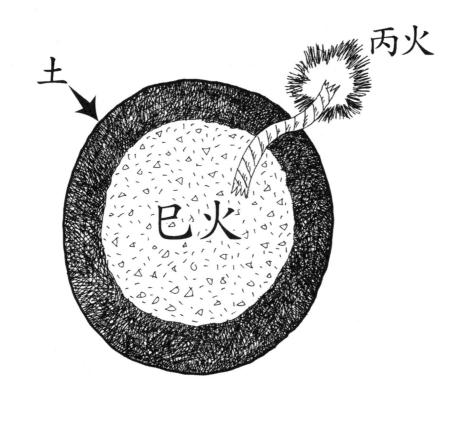

丙火

丙火는 화려한 불꽃이다. 천간(하늘)에 있으니 더 화려하다. 감추기 어렵기 때문에 남들이 다 알게 된다. 연합군인 일지 巳火 역시 양화(陽火)이고, 乙木 일주(日主)의 후원이 있기 때문에 화력(火力)도 좋다.

불을 든 사람의 시야는 좁지만 그 불을 바라볼 수 있는 곳은 광범위(廣範圍)하다. 목화통명(木火通明)하니 총명하며, 마음이 너무나 따뜻하다는 것을 남들이 다 알고, 조금 성급한 듯 보이지만 화끈하게 솔직하다는 것도, 창의력과 표현력이 뛰어나게 좋다는 것도, 너무나 다정다감(多情多感)하다는 것도 남들이 다 아는 성품이 된다.

하지만, 火는 기신(忌神)을 후원하는 구신(仇神)이다. 火로 인하여 생기는 모든 성격은 모두 기신(忌神) 土가 만들어 놓은 흙벽에 갇히고 말기 때문에 결국에는 자가당착(自家撞着)이 된다. 그래서 총명함은 과대망상(誇大妄想), 따뜻함은 스트레스, 화끈하게 솔직함은 경박(輕薄)함, 다정다감(多情多感)함은 죽 끓듯이 부리는 변덕이 된다. 특히, 힘들여 쌓은 공(功)을 경솔하게 던진 말 한마디로 까먹을 수 있고, 친구를 원수로 만들 수 있으니 말조심을 해야 한다.

성급하기는 하지만, 두터운 흙이 火를 덮어주기 때문에 항상 이러한 기질이 발휘되는 것은 아니다. 잘 감추고 있다가 어느 순간에 폭발적으로 표출된다. 갑자기 표출되기 때문에 문제가 더 심각해 질 수 있다.

+ⓕ상관 -ⓘ日主 -ⓣ편재 -ⓦ편인 　ⓘ　火　土　金　水
丙　乙　己　癸　　　1　2　3　1　1
戌　巳　未　酉
+ⓣ정재 +ⓕ상관 -ⓣ편재 -ⓖ편관

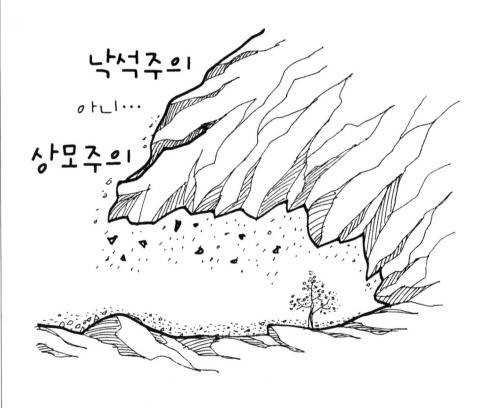

己土

사주에 한 가지 천간이나 한 가지 지지가 많이 있는 것을 꺼린다. 그 기질이 지극히 순수하여 다양하지 못하고 우둔(愚鈍)할 정도로 단순(單純)할 가능성이 많기 때문이다.

이 사주는 월주 己未, 시지 戌 등 土가 강하다. 그래서 土가 최대 흉신인 기신(忌神)이 된 것이다.

土는 기신(忌神)이기 때문에 흉한 역할을 골라서 하게 된다. 더군다나 화생토(火生土)하는 시간 丙火와 일지 巳火가 일주(日主)를 가운데 두고 土와 함께 뭉쳐있기 때문에 월·일·시주 모두가 벌겋게 달아오른 용암(鎔巖)으로 변해 있다고 해도 과언이 아니다. 용암은 식고 굳으면서 차곡차곡 土를 만들어낸다. 자고 나면 태산준령(泰山峻嶺)이 하나씩 생겨나는 것이다. 그래서 땅에는 불처럼 뜨거운 모래, 하늘엔 건조한 흙먼지가 가득하게 된다.

목극토(木剋土)해야 할 乙木은 火를 생산하느라 불에 타서 파김치가 되어버렸다. 그래서 土를 제대로 극(剋)하지 못한다. 또한, 막강한 土가 산사태를 발생시켜 木을 묻어버리니, 木은 있으나마나한 상황이 되고 만다. 허약한 乙木이 목극토(木剋土)라는 마패를 믿고 까불다가는 도리어 土에 파묻혀 종말을 맞게 될 수 있으니, 이를 상모(相侮)라 한다.

+火상관 -木日主 -土편재 -水편인 ㊍ 火 土 金 水

丙 乙 ㉥ 癸   1 2 3 1 1

戌 巳 未 酉

+土정재 +火상관 -土편재 -金편관

己土는 하늘에 있으니 그 성질을 감추기 어렵고, 남들이 먼저 아는 성품을 표출하게 된다. 사주 내에서 주인인 일주(日主)를 제치고 사주 판세를 장악한 놈이 바로 土이다.

지구(地球)는 어느 한 부분도 소유자가 없는 곳이 없으니, 인간을 지구의 주인이라고 말할 수 있다. 그러나 우주 저편에서 본다면 부피가 큰 지구만 보일 뿐 주인인 인간은 보이지 않을 것이다. 이치가 그러하기 때문에 남들은 이 명(命)의 일주(日主)가 己土인 것으로 착각을 하게 된다. 일주가 乙木일 것으로는 꿈에도 생각하지 않는다. 그래서 土가 보여주는 성격은 이 명(命)의 절대적이고 대표적인 성격이 되기 때문에 土를 면밀히 살펴볼 필요가 있다.

+⊕火상관 −㊍日主 −㊏편재 −㊌편인 　㊍ 火 土 金 水

丙 乙 己 癸　　1 2 3 1 1

戊 巳 未 酉

+㊏정재 +㊋상관 −㊏편재 −㊎편관

병아리
먹잇감이나
해야겠다.

으악!

이건 분명!
공룡!

지나치게 논리적(論理的)이다.

물이 흘러가는 수로(水路)를 만들 수 있는 것이 흙이다. 土는 물의 침투를 차단할 수 있을 정도로 치밀(緻密)한 물질이기 때문이다. 土가 막강한 이 명(命)은 성격이 치밀하기 때문에 논리적인 성향을 보인다. 지나치게 土가 강하므로, 지나치게 논리적(論理的)인 성격이 된다. 논리적(論理的)인 성향은 흉신(凶神) 土의 작용이기 때문에, 지나치게 따져서 얻을 수 있는 결과는 유리한 것보다는 불리한 것이 더 많을 수 있으니 대충대충 넘어가는 요령도 배워 두는 것이 좋다.

쓸데없는 명분(名分)에 약하다.

명분(名分)이란 논리적사고(論理的思考)의 산물(産物)이다. 이 명(命)은 土가 강하기 때문에 명분(名分)이나 논리적인 주장에 쉽게 동화(同化)된다. 이 역시 역량이 지나치게 큰 흉신의 작용이므로, 명분을 좇은 그 결과는 불리함을 초래할 수 있다.

의심(疑心)이 많다.

土는 믿음의 화신(化身)이지만, 지나치게 土가 막강하기 때문에 지나치게 치밀(緻密)하고 논리적(論理的)이다. 그래서 머리카락에 홈을 판다. 남들이 생각하지도 않은 부분까지도 생각해 낸다. 그래서 기상천외한 이유를 들어 남을 의심하게 되는 것이다.

+㊋상관 -㊍日主 -㊏편재 -㊌편인   ㊍ 火 土 金 水

　　　　　　　　　　　　　　　　　 1 2 3 1 1

丙 乙 己 癸
戌 巳 未 酉

+㊏정재 +㊋상관 -㊏편재 -㊎편관

이 사주에서는 土가 기신(忌神)이므로 土가 지닌 모든 성품을 부정적인 관점에서 봐야한다. 지니고 있는 모양새도 아름답지 않으려니와 그 결과도 매우 흉(凶)한 것으로 해석해야 한다.

土의 대표적인 성격은 "불변(不變)"이다. 세심하고 꼼꼼하기 때문에 쉽게 믿지도 않지만, 한 번 믿으면 마지막까지 믿는다. 비밀과 의리(義理)를 잘 지키므로 흔히 말하는 '일편단심(一片丹心) 민들레'의 성품을 지닌다.

土는 본시 치밀하기 때문에, 그 믿음에는 반드시 믿을만한 근거가 있다. 헌데, 土가 기신(忌神)이기 때문에 그 근거라고 하는 것은 돌멩이보다 더 단단한 고정관념(固定觀念)이고 궤변(詭辯)일 가능성이 많다. 다시 말해서 쓸데없는 것을 따지고, 쓸데없이 고집이 강하다. 세상 사람들이 모두 틀리다고 해도 한결같이 자신만의 믿음을 맹신(盲信)하는 구석이 있고, 그래서 손해를 보게 된다. 고지식하여 답답한 점이 많다. 자신 뿐 아니라 남도 답답하게 만든다.

저러다가
무너지기라도 하면
어떻게 탈출하려고…?!

+㊋상관 -㊍日主 -㊏편재 -㊌편인　　㊍　火　土　金　水

　　　　　　　　　　　　　　　　　　　1　2　3　1　1

丙　乙　己　癸
戌　巳　未　酉

+㊏정재 +㊋상관 -㊏편재 -㊎편관

돌다리 두드리다가 다리를 무너뜨린다.

이 사주는 土가 기신(忌神)이니 투기성 부동산에 손을 댔다가는 손해를 볼 가능성이 많다. 만약, 부동산 투기를 한다면, 투기 붐이 절정(絶頂)을 지났을 때 투자할 확률이 높다. 투기를 해야겠다는 믿음이 생기기까지는 많은 시간이 소요되기 때문이다. 강한 火가 생조하고 있어서 성격이 급한 면도 있지만, 土가 더 막강하여 火의 성급함을 능히 제지하므로 한참동안 뜸을 들이는 것이다.

투기에 대한 거품이 사라져 처분해야 할 판세가 되면, 가장 늦게 처분해서 반본전도 못 건질 가능성 역시 많다. 약삭빠른 듯 보이지만, 투자에 대한 믿음, 자신만의 계산(計算)이 강하기 때문에 "조금만 더, 조금만 더…" 하면서 역시 뜸을 들이는 것이다. 그 덕분에 탈 때도 막차, 내릴 때도 막차가 되기 쉽다.

土가 많으니, 바위 덩어리를 매달고 헤엄을 치는 격이다.
모든 점에서 신중하기 때문에 처리 속도가 느리다.
대충 넘어가는 경우가 드물다.
그러나 과유불급(過猶不及), 지나친 검토 분석이 도리어 불리한 결과를 초래할 수 있다.

+⊗상관 -⊛日主 -⊗편재 -⊗편인 ⊛ 火 土 金 水
                                     1   2 3 1 1
丙 乙 己 癸
戌 巳 未 酉
+⊗정재 +⊗상관 -⊗편재 -⊗편관

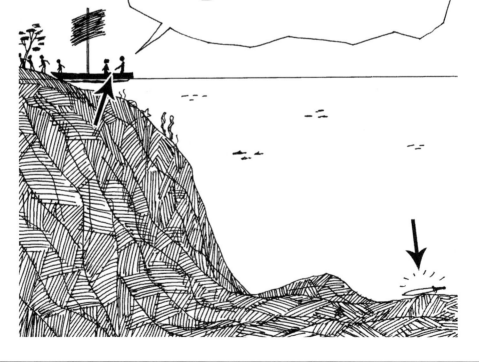

土의 기질은 거칠다. 군인(軍人)이라면 산야(山野)에서 작전을 수행하는 야전군(野戰軍)의 기질이다. 그래서 土의 강한 기질은 폭력적인 성향으로 나타날 수 있고, 절개(節槪)와 의리(義理)를 따르니 조직 폭력배의 기질이 될 수 있다.

그러나 조폭(組暴)의 실질적인 두목이 될 가능성은 많지 않다. 土는 일주(日主)가 아니기 때문이다. 일주(日主)가 아닌 다른 기질이 사주 판세를 장악했으니 조폭(組暴)이라면 꼭두각시 두목, 졸개, 하수인의 역할을 담당하는 격이다.

일주(日主)가 허약하여 기세를 마음껏 발휘하지 못한다고 할지라도 주의해야 할 점이 있다. 잠재되어 있는 土는 간간이 기질을 폭발적으로 발휘하기 때문이다. '약골이 살인(殺人)낸다'는 말처럼, 허약한 일주(日主)가 土 기질에 휘둘려 폭력적인 사고(事故)를 칠 가능성이 많다.

의리와 신용, 믿음의 화신(化身)이기 때문에 그러한 명분(名分)이나 물질적 이익을 내세워 꼬드기면 사명감(使命感)에 쉽게 고취되고, 그 분위기에 휩싸여 흉사(凶事)에 앞장설 수 있다. 남에게 이용을 당하는 것이다. 물론, 흉신의 작용이므로 그 결과는 대단히 불리하다.

+㉶상관　-㊍日主　-㊏편재　-㊌편인　　㊍　火　土　金　水

丙　乙　己　癸　　1　2　3　1　1

戌　巳　未　酉

+㊏정재　+㉶상관　-㊏편재　-㊎편관

스트레스를 잘 받는다.

土는 열기(熱氣)의 확산을 막고, 한편으로는 열기(熱氣)를 보존하는 물질이다. 이 명(命)은 火가 강하기 때문에 열기(熱氣 불만사항)가 시도 때도 없이 생산된다. 하지만, 土가 火의 표출을 억압하니 그 불만들을 표현하지 못한다. 그래서 그 열기(熱氣)는 고스란히 스트레스가 된다.

스트레스를 잘 받을 뿐 아니라 오래오래 갖고 있게 된다.

土는 막강하여, 엄청난 용량을 지닌 보온창고(保溫倉庫)가 되어있기 때문에, 火가 생산한 스트레스를 차곡차곡 보존시켜 준다. 土의 막강한 역량으로 인해 스트레스를 장기간 갖게 되고, 그 스트레스 역시 흉신의 작용이기 때문에 결국에는 흉한 결과를 초래한다.

효과적으로는 스트레스를 해소하지 않으면 스트레스성 질환(疾患)에 걸릴 가능성이 많고, 히스테리, 노이로제 증상을 보일 수 있으며, 심하면 정신질환(精神疾患)을 앓을 수도 있다.

+⊗상관 -⊛日主 -⊕편재 -㊌편인 　⊛　火　土　金　水

丙 乙 己 癸

　　　　　　　　1　2　3　1　1

戌 巳 未 酉

+⊕정재 +⊗상관 -⊕편재 -㊎편관

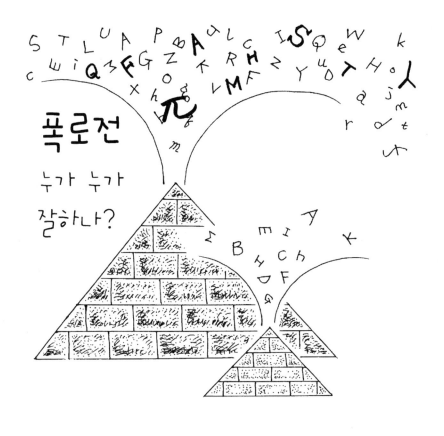

폭로전

누가 누가

잘하나?

土가 많으니 모든 것을 흙으로 덮어, 흙 속에 감춘다. 비밀(秘密)을 잘 지키고 속마음도 잘 감춘다. 표현(表現)도 자제하니 과묵(寡黙)한 성격의 소유자로 보일 수 있다.

그러나, 이 명(命)은 火도 강하다. 흙 속에서 열기(熱氣)가 뭉치면 압력이 증가하게 되어 있다. 증가된 압력은 화산(火山)처럼 언젠가는 흙을 뚫고 폭발한다.

화산이 분출하면 땅 속에 들어있던 온갖 물질들이 터져 나오듯이, 견디다 못해 화를 내면 이제껏 참아 왔던 모든 스트레스가 한꺼번에 표출된다. 土의 분량이 많으니 가슴속에 새겨 둔 것이 많고, 응어리진 것이 많으니 할 말도 많다.

폭력적인 성향과 왜곡된 고집에 편승하여 지나치게, 정도를 훨씬 오버하여 폭발하니 이제껏 과묵한 성격으로 알고 있던 주위 사람들은 깜짝 놀랄 수 있다. 경천동지(驚天動地)할만한 사건을 일으키는 것이다. 이 기질 역시, 흉신의 작용이므로 그 결과는 매우 불리하다.

인간은 누구나 할 말이 생기면 언젠가는 꼭 말하고야 만다. 할 말은 참는다고 해서 참아지는 것이 아니다. 할 말이 있을 경우에는 참지 말고 그때 그때 적절하게 표현함으로써 마음을 가볍게 해 주는 지혜가 필요하다.

+㊋상관 -㊍日主 -㊐편재 -㊌편인　㊍　火　土　金　水
　　　　　　　　　　　　　　　　　 1　2　3　1　1

丙 乙 己 癸
戌 巳 未 酉

+㊏정재 +㊋상관 -㊏편재 -㊎편관

죽어도
너만은
용서할 수
없다!

역린

역린이란 용(龍)의 턱 밑에 난 비늘을 가리키는 낱말이다. 용은 순하지만 역린을 건드리면 용서치 않고 반드시 죽인다고 한다.

모든 사주에는 역린이 있기 마련인데, 가장 강한 것이 곧 가장 흉한 것이기 때문에 대게 최대 흉신인 기신(忌神)의 기질이 역린에 해당하게 된다. 흉신의 기질이기 때문에 결과적으로 스스로에게 큰 손해를 초래한다.

이 사주에서는 土 재성(財星)이 기신이기 때문에 믿음, 금전(金錢), 재물이 곧 역린이 되고, 가족 중에는 아버지가 역린에 해당된다. 또한 남자의 경우라면 여자(女子), 여자의 경우라면 시어머니가 역린에 해당한다. 역린에 해당하는 부분에 대해서는 유독 민감하고 지독한 반응을 보이게 된다.

죽으나 사나 믿음이 깨지는 것을 싫어한다. 죽어도 같이 죽고 살아도 같이 살자는 주의이다. 아버지에 대한 인연이 괴팍하고, 금전문제에 있어서는 인색할 수 있고, 기회가 오면 지독할 정도로 돈 욕심을 부리게 된다.

남자의 경우라면, 여자(女子)가 하는 말로 인해서 쉽게 자존심을 상하고, 자존심에 작은 상처라도 받게 되면 상대방에게 반드시 앙갚음을 하려고 한다. 여자의 경우라면 시어머니에 대한 반감(反感)이 강해서 사사건건 분란을 일으키기 쉽다.

그러나, 일주(日主)의 기세가 허약하기 때문에, 실질적인 보복을 결행하기는 쉽지 않고, 혼자 마음의 상처를 받고, 혼자 마음속으로 끙끙대면서 혼자 이를 박박 가는 경우가 허다하게 된다.

+㊋상관 -㊍日主 -㊏편재 -㊌편인　㊍ 火 土 金 水
　　　　　　　　　　　　　　　　　　　1 2 3 1 1

丙　乙　己　癸
戌　巳　未　酉

+㊏정재 +㊋상관 -㊏편재 -㊎편관

천간에 대한 검토가 끝났다. 지금부터는 지지(地支)에 따른 성격을 검토해야
하는데 戌·未土와 巳火는 동기(同氣) 己土, 丙火가 천간에 있기 때문에 이미
검토가 되었다. 살펴봐야 할 지지는 연지 酉金 하나만 남았다.

 ## 酉金

당초 酉金은 한신(閑神)으로 분류되었었지만, 己未 월주 너머에 놓인 관계로
일주(日主) 乙木을 직접적으로 금극목(金剋木)하지 않을 것으로 판단되어 해결
사 참신(讒神)이라는 이름을 붙여준 바 있다.

강한 土 기운을 설기(洩氣)하는 방법에는 제(制)와 화(化)가 있다.
목극토(木剋土)작용은 제(制)이고, 토생금(土生金)작용은 화(化)이다.
이 명(命)에서는 막강한 土를 제압할 수 있는 木은 허약한 일주(日主) 乙木
하나뿐이기 때문에 제대로 된 목극토(木剋土)작용을 기대할 수 없다.
만약 木이 목극토(木剋土)하겠다며 덤볐다가는 도리어 산사태라는 상모(相
侮)현상을 만나게 된다는 것은 이미 설명한 바 있다.

토생금(土生金)으로 화(化)할 경우에는 그 설기(洩氣)효과가 약간 느리기는
하지만, 상생작용을 이용한 유정(有情)한 설기(洩氣)이기 때문에 조용하면서도
부드러운 설기(洩氣)가 이루어진다. 그래서, 설기(洩氣)에는 제(制)보다는 화
(化)가 더 유용한 것으로 본다.

+㊋상관　-㊍日主　-㊏편재　-㊌편인　　㊍　火　土　金　水
丙　乙　己　癸　　　　1　2　3　1　1
戌　巳　未　酉
+㊏정재　+㊋상관　-㊏편재　-㊎편관

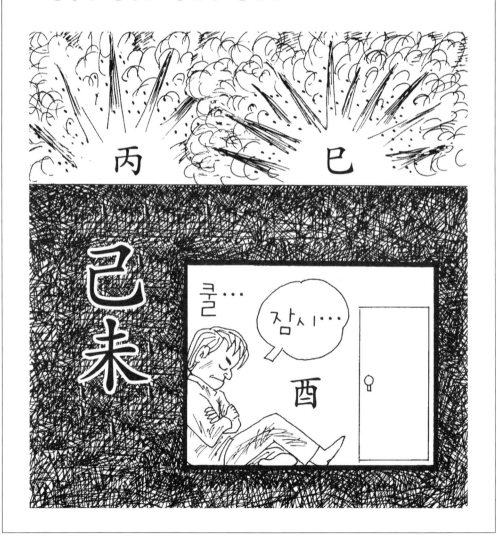

이 명(命)은 토(土)가 막강한데, 제(制)하는 木이 허약하기 때문에 시급히 화(化) 오행을 필요로 하게 된다. 다행히 연지에 酉金이 있으니 아니 반가울 수가 없다. 그래서 참신(讖神)으로 임명한 것이었다.

흔히 '1위 정관(正官)'이라 하여, 사주에 정관(正官)이 하나 있는 것을 길하다고 해석하지만, 이 명(命)의 경우처럼 土가 막강하면 찬 밥 더운 밥 가릴 것 없이 화(化) 작전에 참여를 해야 하기 때문에, 관살병용(官殺竝用 정관과 편관을 모두 사용)하는 것은 이치에 맞는 당연한 선택이다. 이럴 경우에는 편관 酉金이 도리어 권세가 되는 것이니 이를 가살위권(假殺爲權)이라 한다.

천로지장(淺露地藏)!
천간에 노출되어 있는 오행은 쉽게 발각되어 공격 대상이 될 수 있기 때문에 길신(吉神)은 지지에 숨어 있어야 좋고, 흉신(凶神)은 천간에 노출된 것이 바람직하다. 이 명(命)에서는 길신 酉金이 지지에 숨어 있으니 천만다행이다. 일단 해결사 酉金의 활약을 기대해도 무방하겠다는 생각을 갖게 만드는 대목이다.

+⊕火상관 -木日主 -土편재 -水편인   ⊛木 火 土 金 水
丙 乙 己 癸   1 2 3 1 1
戌 巳 未 酉
+⊕土정재 +火상관 -土편재 -金편관

참신(讖神) 酉金이 지지(地支)에 숨어 있고 음금(陰金)이기 때문에, 酉金에 따른 성품은 남들이 잘 모른다. 그러나 酉는 지장간이 모두 庚·辛으로 뭉쳐진 순수한 金이다. 그리고, 土 집단으로부터 토생금(土生金)으로 막대한 지원을 받고 있기 때문에 그 역량이 작지는 않다.

이처럼 관살(官殺)이 재마(財馬 재성)로부터 상생을 잘 받고 있을 경우에는 영화(榮華)가 큰 것으로 해석할 수 있다.

土 집단은 목극토(木剋土)라는 살벌한 상극작용에 대항하여 산사태라는 상모(相侮)현상을 불러일으킨다고 했다. 그러한 산사태 현상이 상생관계에서는 발생하지 않을까? 무엇이든지 과유불급(過猶不及)이다. 지나치면 언제나 불리한 점을 내포하고 있을 수밖에 없다. 상생관계에서도 불리한 현상이 발생하게 되는 것은 당연한 이치이다.

土의 비대함을 酉金 1개에 의지하여 설기(洩氣)하는 것에는 무리가 따를 수밖에 없다. 3차선 도로가 1차선 도로로 바뀌는 것이니, 차량의 적체(積滯)현상은 당연하다. 토생금(土生金)이지만 흙이 너무 많으면 쇠는 더 깊게 매몰된다(土多金埋 토다금매). 酉金의 바람직한 기질이 발휘되는 것을 土가 방해한다. 이처럼 상생(相生)이 지나친 경우에는 도리어 생산되는 오행을 죽이는 결과를 초래하기 때문에 역극(逆剋)이라고 한다.

역극(逆剋)현상은 酉金의 활약에 많은 장애를 가져다 준다. 흉신 土는 언제나, 언제까지나, 어디서나 흉한 작용을 한다는 것을 알 수 있다.

+㊋상관 -㊍日主 -㊏편재 -㊌편인　㊍　火　土　金　水
　　　　　　　　　　　　　　　　　　　1　2　3　1　1

丙 乙 己 癸
戌 巳 未 酉

+㊏정재 +㊋상관 -㊏편재 -㊎편관

어찌됐건, 酉金은 참신(讖神)이기 때문에 길한 역할을 한다. 金의 성품이 좋은 작용을 하는 것인데, 지지에 숨어 있기 때문에 남들은 잘 모르는 성격이 된다.

은근히 냉철하고 결단력(決斷力)이 있다. 이 성품은 길신의 성품이니, 냉철하게 결단(決斷)한다면 반드시 좋은 결과가 있다고 해석을 한다.

酉金은 꽉 막힌 土에 산소를 공급하기 위하여 작은 곡괭이 하나를 들고 땅굴을 파 들어간다. 酉金이 땅속으로 파고 들어갈수록 흙이 부스러지니 土의 숨통이 트인다. 하지만, 이 작업은 결코 수월하지 않다. 酉金 1개의 작용이니, 땅굴을 파는 장비(裝備)나 인력이 턱없이 부족하기 때문이다.

비대한 흙은 제 무게를 이기지 못하고 끊임없이 무너져 내려, 힘들게 뚫어놓은 땅굴을 다시 메워버리기 일쑤이다. 이런 난관이 있기 때문에 명(命)의 주인이 냉철한 결단력을 발휘함에 있어서는 많은 제약이 뒤따르게 된다.

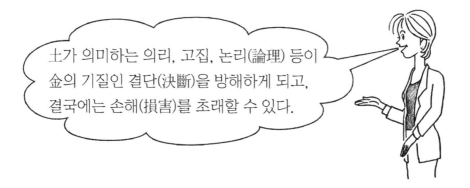

土가 의미하는 의리, 고집, 논리(論理) 등이
金의 기질인 결단(決斷)을 방해하게 되고,
결국에는 손해(損害)를 초래할 수 있다.

+㉔상관 -㊍日主 -㊏편재 -㉝편인 ㊍ 火 土 金 水
　　　　　　　　　　　　　　　　1　2　3　1　1

丙　乙　己　癸
戌　巳　未　酉

+㊏정재 +㉔상관 -㊏편재 -㊎편관

예민하다.

酉金은 己未 산맥 너머에 나홀로 진(陳)을 치고 있고, 乙木이 강력한 火 집단에 포위되어 있기 때문에 화극금(火剋金)이 두려운 酉金은 금극목(金剋木)할 엄두를 내지 않는다. 하지만, 허약한 일주(日主) 乙木의 입장에서는 자신을 극(剋)하는 酉金에 대해 경계를 게을리 할 수는 없다. 일주(日主)가 너무나 허약한 상황이라서 금극목(金剋木)을 당했다가는 진짜로 골로 간다는 것을 일주(日主)가 잘 알고 있기 때문에, 일주(日主)는 예민한 성품을 보이게 된다.

金이니 이성적(理性的)이며 냉정(冷情)하고 날카롭다. 끊는 것과 맺는 것이 명쾌한 결단력(決斷力)을 지니게 된다. 흔히 말하는 칼 같은 성질이다. 언행(言行)에는 무시할 수 없는 위엄(威嚴)이 있다. 모든 일에 소신(所信)이 있고 의리(義理)를 지킨다. 기질이 강직(剛直)하니 곧고 솔직하며 단순(單純)하다.

그러나 火가 강한 사주이기 때문에 일주(日主)는 酉金을 두려워하지 않고 土 집단의 기질에 부화뇌동(附和雷同)하게 된다. 더군다나 酉金이 지지에 있기 때문에 酉金에 따른 좋은 기질은 본인도 잘 모를 정도로 깊이 숨겨져 있는 기질이 된다.

숨어있는 酉金의 좋은 기질을 찾아서 계발토록 조언(助言)하는 것은 우리 역학자(易學者)들의 역할이 될 것이다.

시	일	월	년
+⊛상관	-⊛日主	-⊛편재	-⊛편인
丙	乙	己	癸
戌	巳	未	酉
+⊛정재	+⊛상관	-⊛편재	-⊛편관
辛丁戊	戊庚丙	丁乙己	庚辛

⊛	火	土	金	水
1	2	3	1	1

 ## 성격 종합

① 자애심(自愛心)이 있고, 배우는 것을 좋아한다.

② 순리적이며 여유가 있다.

③ 미련(未練)과 헛된 기대가 많다.

④ 타인으로부터 쉽게 도움을 받지 못한다.

⑤ 후원(後援)해 주겠다는 약속을 믿다가는 낭패를 보기 쉽다.

⑥ 총명하며, 마음이 너무나 따뜻하다.

⑦ 조금 성급한 듯 보이지만 화끈하게 솔직하다.

⑧ 창의력과 표현력이 뛰어나게 좋다.

⑨ 다정다감(多情多感)하다.

⑩ 스트레스, 경박(輕薄)함, 변덕이 있다.

⑪ 지어놓은 공(功)을 경솔하게 던진 말 한마디로 까먹을 수 있다.

⑫ 우둔(愚鈍)할 정도로 단순(單純)할 때도 있다.

⑬ 지나치게 논리적(論理的)이다.

⑭ 쓸데없는 명분(名分)에 집착한다.

⑮ 논리적인 공격을 받으면 방어가 서툴다.

⑯ 쉽게 믿지도 않지만, 한 번 믿으면 마지막까지 믿는다.

⑰ 한편으로는 의심(疑心)이 많다.

⑱ 비밀과 의리(義理)를 잘 지키는 '일편단심(一片丹心) 민들레'이다.

⑲ 쓸데없는 것을 따지고, 쓸데없이 고집이 강하다.

⑳ 고지식하여 답답한 점이 많다.

㉑ 돌다리 두드리다가 다리를 무너뜨린다.

㉒ 폭력적인 성향이 있다.

㉓ 스트레스를 잘 받을 뿐 아니라 오래오래 지닌다.

㉔ 과묵(寡黙)하고, 속마음을 잘 감춘다.

㉕ 화를 내면, 참아 왔던 모든 스트레스가 한꺼번에 표출된다.

㉖ 아버지에 대한 인연이 괴팍하다.

㉗ 금전문제에 있어서는 인색할 수 있고, 욕심을 부리게 된다.

㉘ 혼자 상처를 받고, 혼자 끙끙대는 경우가 허다하다.

㉙ 은근히 냉철하고 결단력(決斷力)이 있다.

㉚ 예민한 편이다.

시	일	월	년
+㉐상관	-㉗日主	-㉑편재	-㉘편인
丙	乙	己	癸
戌	巳	未	酉
+㉑정재	+㉐상관	-㉑편재	-㉕편관
辛丁戊	戊庚丙	丁乙己	庚 辛

㉗	火	土	金	水
1	2	3	1	1

(2) 조상

* **할아버지** = 아버지(편재)의 아버지(편재) = 편인

* **할머니** = 아버지(편재)의 어머니(정인) = 상관

* **외할아버지** = 어머니(정인)의 아버지(편재) = 상관

* **외할머니** = 어머니(정인)의 어머니(정인) = 편관

오행주류로 상생 순환하였으니 뼈대 있는 집안에서 출생했다. 연주를 조상
(祖上), 월주를 가정(家庭), 일주를 자신과 부부, 시주를 자식(子息)으로 해석하
는데, 참신 酉金, 희신 癸水 등 모든 길신이 연주에서 일주(日主)를 후원하고
있으니 분명 조상의 유덕(遺德)이 있다.

(3) 부모

(가) 아버지 = 편재

己未 편재(偏財) 아버지는 최대 흉신인 기신(忌神)이니 고지식하면서도, 엄청나게 부담스러운 아버지일 수 있다. 아버지는 일주(日主)를 답답하게 만든다. 土는 고지식하고 융통성이 없는 늙은이를 의미하므로, 아버지와 나이 차(差)가 많이 날 수도 있다.

土 흉신의 세력이 막강한데, 戌土 정재(正財)까지 혼잡(混雜)되어 있으니 더욱 불길하다. 여기저기에 아버지가 널려 있으니 아버지에 대한 인연이 괴팍하고, 잘못하면 아버지와 일찍 이별을 하고, 여러 아버지를 모실 수 있다. 그러나 어떤 아버지도 일주(日主)에게 도움이 되지는 않는다.

흉신 土 집단으로부터 일주(日主)가
상모(相侮)를 당하여 무력한 상황이기 때문에,
아버지가 최선을 다할지라도 일주(日主)는 항상
아버지를 불만스럽고 부담스럽게 여긴다.

시	일	월	년
+㊋상관	-㊍日主	-㊏편재	-㊌편인
丙	乙	己	癸
戌	巳	未	酉
+㊏정재	+㊋상관	-㊏편재	-㊎편관
辛丁戊	戊庚丙	丁乙己	庚 辛

㊍	火	土	金	水
1	2	3	1	1

(나) 어머니 = 정인

어머니를 의미하는 정인(正印)은 없지만, 정인을 대신할 수 있는 편인(偏印) 癸水가 연간(年干)에 있다. 계수(癸水)는 희신이기 때문에 어머니의 지원이 있고, 자신 또한 효심(孝心)이 있다. 유산을 남겨 주지 않아도 감사하는 마음만 가득할 뿐 원망과 미움은 없다.

그러나, 순리적인 어머니(水)는 막강한 土의 세력을 등에 업은 아버지나 아내에게 무자비한 극(剋)을 당하기 때문에 무기력해지니 일주(日主)에 대한 후원이 뜻과 같지 않다. 도리어 어머니의 건강이 나쁠 수 있으며, 항상 어머니에 대한 아쉬움과 걱정이 가슴에 가득하다.

(4) 형제 = 비견, 겁재

일주(日主) 乙木의 형제, 동료, 친구를 의미하는 木은 월지 未의 지장간에 乙이 1개 보인다. 수적(數的)인 열세 뿐 아니라 火가 강하여 일주(日主)를 비롯한 木의 기운을 전소(全燒)시키기 때문에 형제(兄弟)가 귀하다.

일주(日主)는 외롭기에 항상 형제, 친구 등에 대한 그리운 마음이 많지만, 木은 한신(閑神)이기 때문에 주의하지 않으면 그들로 인해 피해를 맞을 수 있다. 뒤통수를 맞을 수 있고, 믿는 도끼에 발등 찍히는 경우가 많으니 인간에 대한 조심을 게을리 해서는 안 된다.

(5) 배움(학문) = 편인, 정인

水 인성의 지원이 있지만 원활하지 않은 상황이다. 배움의 길은 순탄하지는 않지만, 水가 희신(喜神)이므로 어떻게 하든지 어느 정도의 공부를 마칠 수 있다. 배우면 배울수록 水가 불어나니 점진적인 발전이 있게 된다.

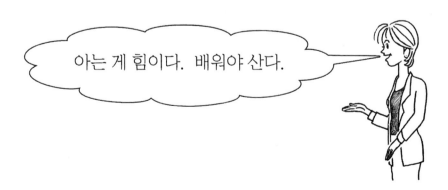

아는 게 힘이다. 배워야 산다.

시	일	월	년
+⊛상관	-⊛日主	-⊕편재	-⊛편인
丙	乙	己	癸
戊	巳	未	酉
+⊕정재	+⊛상관	-⊕편재	-⊛편관
辛丁戊	戊庚丙	丁乙己	庚 辛

⊛	火	土	金	水
1	2	3	1	1

(6) 배우자

(가) 아내(日主가 남자일 경우) = 정재

한마디로 말하자면 경처가(驚妻家)일 가능성이 많다. 경처가(驚妻家)란 아내만 보면 경기(驚氣)를 일으키는 사내를 일컫는 속언(俗言)이다. 그는 공처가(恐妻家)보다 훨씬 더 수준이 높은 사내인 것이다.

남자는 土 재성(財星)이 아내를 의미한다. 일지는 처궁(妻宮)이라 하여 아내의 자리로 보는데, 이 사주에서는 아내인 재성(財星)이 일지(日支)를 차지했기 때문에(巳중 戊土) 아내의 역량이 막강하다. 巳의 지장간 중 戊土는 본처(本妻)를 의미하는 정재(正財)인데 戊土와 편재(偏財) 未土가 시·월지에 앉아 있으니, 아내가 더욱 막강한 것으로 해석할 수 있다. 그러나 아내를 의미하는 土가 최대 흉신인 기신(忌神)이기 때문에 아내로 인해 좌절(挫折)하고 절망(絶望)하는 경우가 많다.

아내는 土이므로 그 기질이 거칠고 투박한데, 土의 역량이 막강하기 때문에 아내는 융통성이 없고 고집도 강하다. 乙木 일주(日主)는 土에게 상모(相侮)를 당해 목극토(木剋土)를 진즉 포기한 상태이기 때문에 아내의 주장을 꺾을 엄두를 내지 못한다. 아내에게 자존심을 내세웠다가는 괜히 이기지도 못하면서 분란(紛亂)만 발생하게 된다.

土는 역량이 큰 기신(忌神)이므로 두려운 존재가 아닐 수 없다. 그래서 아내의 언행(言行)에 대해서 매우 민감하게 반응한다. 아내에 대한 불만도 쉽게 표출하지 못하고 끙끙대는 경우가 대부분이지만, 간혹 폭발적으로 불만을 표출하기도 하고, 이판사판의 심정으로 폭력도 행사할 수 있다.

土가 여기저기에 널려 있으므로, 주변에 여자(女子)가 많다.

그렇다고 해서 모든 여자가 연인(戀人)이 되는 건 아니고, 여자 친구, 동료 등으로 존재할 수 있다. 여자에 대한 관심이 많고, 여자와 관련된 일을 우선적으로 처리하지만, 시간이 경과하면 이내 질리고 싫증을 내는 경향이 있다.

土 집단은 막강함을 믿고 기고만장(氣高萬丈)할 수 있다. 또한, 월지 편재(偏財) 未가 처궁(妻宮)인 일지 巳와 巳・午・未 방합을 시도하므로, 아내의 기질에 자유분방함이 있다고 봐야 한다. 아내의 바람기로 볼 수 있고, 그로 인해 의처증(疑妻症)을 가질 수 있다.

이처럼 재다신약(財多身弱)한 명(命)을 지니면 아내와의 인연이 박하다고 해석을 하게 되는데, 천만다행으로 현모양처(賢母良妻)의 명(命)을 지닌 여인을 아내로 맞아들였다면, 아내와의 인연에 대해서 어떻게 해석을 해야 할까?

+ⓕ상관 −ⓚ日主 −ⓣ편재 −ⓦ편인   木 火 土 金 水
丙 乙 己 癸   1 2 3 1 1
戌 巳 未 酉
+ⓣ정재 +ⓕ상관 −ⓣ편재 −ⓖ편관

세상이 모두
빨갛게
보이지?

무슨 말씀?
난 파랗게
보이는 걸…

앞에서 던진 질문은 궁합(宮合)을 살필 때 맞이할 수 있는 난제(難題)이기도 하다. 하지만, 이런 난제(難題)는 궁합에만 국한되는 것은 아니다. "부모의 덕(德)이 없는 명(命)이 좋은 부모를 만난다면…? 재물 복이 없는 명(命)이 재벌(財閥) 집안에서 태어났다면…?" 등등 모든 십신(十神), 육친(六親)의 해석에도 공통적으로 발생하는 의구심이기도 하다. 역학 초심자들은 이런 종류의 의구심이 솟구치면, 어떻게 해석해야 되는지 그 이치를 몰라 헤매기도 한다.

명(命)의 짜임에 따라 십신(十神)의 희기(喜忌)가 정해지면, 일주(日主)에게는 십신(十神)을 바라보는 독특한 관점(觀點), 시각(視角)이 생기는 것으로 이해하고 있으면 해석의 방향이 흔들리지 않는다.

다시 말하자면, 십신(十神)의 희기(喜忌)가 정해지면, 일주(日主)가 독특한 색깔의 선글라스를 쓰게 되는 것이다. 빨간색 선글라스를 쓰면 만물(萬物)이 빨간색으로 보이게 되고, 파란색 선글라스를 쓰면 만물이 파란색으로 보이게 될 것이다.

이 명(命)의 경우처럼 재성(財星)이 기신(忌神)이면, 아무리 마음씨가 좋고 현량(賢良)한 아내를 맞이했더라도, 아내의 좋고 훌륭한 점을 인식하지 못하고 항상 불만스럽게 느끼고 좌절하게 된다. 반대로, 재성(財星)이 희신(喜神)인 명(命)이라면 어떤 악처(惡妻)를 만났더라도 아내를 예쁘게 보고, 아내에게 감사하는 것으로 해석을 하면 된다.

재벌(財閥) 집안에서 태어난 재물 복이 없는 명(命)이라면, 재물이 풍족함에도 불구하고 항상 "돈, 돈, 돈…"하면서 재물에 대해 불만스러워 하며 살아가게 되는 것이니 다른 십신(十神), 육친(六親)에 대해서도 같은 요령으로 해석한다.

시	일	월	년
+㉙상관	-㉛日主	-㉓편재	-㉠편인
丙	乙	己	癸
戌	巳	未	酉
+㉣정재	+㉙상관	-㉣편재	-㉜편관
辛丁戊	戊庚丙	丁乙己	庚辛

㉛	火	土	金	水
1	2	3	1	1

(나) 남편(日主가 여자일 경우) **= 정관**

여자는 金 관성(官星 편관 정관)이 남편을 의미한다.

지지에 있는 편관 酉金은 길신(吉神), 참신(讖神)이다. 편관(偏官)이 지지에 있으면서 길한 작용을 하니 남들의 눈에 확 띄지는 않지만 은근히 멋지고 현량(賢良)한 남편을 만날 수 있다. 남들은 잘 알지 못하는 남편 덕이 있다. 남편의 냉철하고 날카로운 충고를 반갑게 받아들인다면 반드시 이익이 있다.

멋진 酉金이 땅속 방공호에 잘 숨어 있으니 火의 직격탄을 피할 수 있다. 土의 지원까지 받아 그 역량이 강건하니 남편은 일주(日主)를 위해 최선을 다한다. 다만, 남편은 최선을 다하지만 산사태의 영향으로 갱도(坑道)가 자주 무너지니 남편의 활동이 원활하지는 않다. 그 점이 불만사항이 될 수 있다. 남편 酉金이 흙 속에 깊이 묻혀 있기 때문에, 간혹 남편 하는 짓이 답답하게 느껴질 경우도 있다.

일지(日支)는 남편의 자리이기 때문에 부궁(夫宮)이라고 부른다. 일지 巳에는 庚金도 들어 있지만 구신(仇神)이면서 남편별의 천적(天敵 화극금)이라고 할 수 있는 丙火가 자리를 하고 있다는 점은 불리하다. 남편이 구신(仇神)의 역할을 할 수 있기 때문이다. 남편의 성격이 급하다거나 화를 잘 내서 불만스러울 수 있다. 巳火는 화생토(火生土)하고 월지 未土와 巳·午·未 방합을 시도하여 火를 생산코자 하므로, 남편에 관련되는 일로 인해 손재(損財)가 있을 수 있다. 그러나 일지 巳火는 한편으로, 연지 酉金과 巳·酉·丑 삼합을 시도하여 참신(讖神)의 기운인 金을 생산코자 시도하기 때문에 흉(凶)을 조금 상쇄(相殺)한다.

논외(論外)의 사항이지만, 시지 戌과 부궁(夫宮) 일지 巳가 반목(反目)하고 질투(嫉妬)한다는 원진살(怨嗔殺 사랑살)에 해당되는 점은 불리한 것으로 해석할 수 있다. 戌·巳 모두 흉신이기 때문에 말다툼에 수반하는 반목의 시간이 길어질 수 있고, 운세가 불길하면 헤어질 수도 있다.

강력한 화세(火勢)를 己未 월주가 방어해 주기 때문에 남편 酉金은 안전하지만, 火가 두려워 酉金이 무기력(無氣力)하기 때문에, 일주(日主)는 남편을 비롯한 남자들에 대하여 두려움이나 조심성은 없다. 생각 없이 던지는 말(言)로 남자의 기(氣)를 팍팍 꺾을 수 있기 때문에 간혹 남자를 무시한다는 비난을 들을 수 있다. 남편은 아내의 말 한마디에 천국과 지옥을 오고 갈 수 있다. 남편이 좌절감을 갖지 않도록 언행(言行)에 주의를 기울일 필요가 있다.

酉金의 기(氣)가 위태로울 수 있는 상황이므로, 화상(火傷), 수술 등으로 인해 남편의 건강이 불량할 수 있다.

시	일	월	년
+⊕상관	-⊛日主	-⊕편재	-⊛편인
丙	乙	己	癸
戌	巳	未	酉
+⊕정재	+⊕상관	-⊕편재	-⊕편관
辛丁戊	戊庚丙	丁乙己	庚辛

⊛	火	土	金	水
1	2	3	1	1

(7) 자식

(가) 남자 日主의 자식 = 편관(아들), 정관(딸)

남자는 관성(官星 편관, 정관)이 자식을 의미한다. 참신(讖神)인 연지 酉金이 곧 자식이다. 편관 酉金이 지지(地支) 방공호에 안전하게 있으면서 길한 작용을 하니 남들의 눈에 확 띄지는 않지만 잘난 자식을 둘 수 있다. 은근히 멋지고 현량(賢良)한 자식을 둘 수 있다. 남들은 잘 알지 못하는 자식 덕이 있다. 자식의 냉철하고 날카로운 충고를 반갑게 받아들인다면 반드시 이익이 있다.

멋진 酉金이 땅속 방공호에 숨어 있으니 火의 직격탄을 피할 수 있다. 土의 지원까지 받아 金의 역량이 강건하니 자식은 일주(日主)를 위해 최선을 다한다. 자식은 최선을 다하지만 산사태의 영향으로 갱도(坑道)가 자주 무너지니 자식의 역할이 원활하지는 않다는 점이 불만사항이 될 수 있다. 자식 酉金이 흙 속에 깊이 묻혀 있기 때문에 간혹 자식이 하는 짓이 답답하게 느껴질 경우도 있다.

酉金은 일지 巳火와 巳·酉·丑 삼합을, 시지 戌土와 申·酉·戌 방합을 시도하여 참신(讖神)의 기운인 金을 생산코자 시도하기 때문에 자식의 덕이 더 좋아진다.

강력한 화세(火勢) 때문에 자식 酉金이 힘을 쓰지 못하기 때문에, 자식에 대한 조심성이 없다. 생각 없이 던지는 말(言)로 자식의 기(氣)를 팍팍 꺾을 수 있다는 점을 유의해야 한다.

己未 월주의 방어가 있기는 하지만, 화극금(火剋金) 공격을 받아 酉金의 기(氣)가 많이 불안한 상황이므로 자식의 건강이 불량할 수 있고, 자식의 출산 및 양육에 약간의 애로가 생길 수 있다.
자식을 늦게 얻거나 화상(火傷), 수술, 교통사고 등으로 자식이 장애를 지닐 수 있는 가능성을 완전히 배제하지 못한다.

시	일	월	년
+⊘火상관	-⊘木日主	-⊘土편재	-⊘水편인
丙	乙	己	癸
戌	巳	未	酉
+⊘土정재	+⊘火상관	-⊘土편재	-⊘金편관
辛丁戊	戊庚丙	丁乙己	庚辛

㊍	火	土	金	水
1	2	3	1	1

(나) 여자 日主의 자식 = 식신(딸), 상관(아들)

여자는 식상(食傷 식신 상관)이 자식을 의미한다. 시간 상관(傷官) 丙火와 일지 상관(傷官) 巳火가 곧 자식이다. 이 명(命)은 상관(傷官) 2개가 구신(仇神)으로서, 신약한 일주(日主)를 목생화(木生火)로 극심하게 설기(洩氣)하고, 해결사 참신(讖神) 酉金을 공격하여 분란을 일으키기 때문에, 자녀로 인해 조용할 날이 없게 된다. 어디로 튈지 모르는 불똥(火)을 바라보듯이 자식에 대한 불안감이 많게 된다.

상관 丙火가 천간에 있고, 火의 역량이 크니 남들의 눈에 확 띄는 잘난 자식을 둘 수 있지만, 일주(日主)에게는 별로 도움이 되지 않는다. 잘난 자식 만들기 위해서 자식의 뒷바라지에 뼈가 녹아나지만, 자식으로부터는 감사(感謝)보다는 원망이 더 많이 돌아올 수 있다. 자식을 양육함에 있어 자식에 대한 지나친 욕심은 버리는 것이 좋다.

자식(火)으로 인해 재물(財物)의 지출이 많을 수 있다. 火는 기신(忌神)인 土를 생산하기 때문이다. 자식이 이런저런 시비에 자주 말려들어 돈이 지출된다.

상관 巳火가 남편의 자리인 일지(日支)를 차지하고 앉아 있으면서 흉(凶)한 작용을 하니, 자식이 아빠와 의견 충돌(火剋金)을 일으킨다. 자식은 아빠에게 옳은 소리로 따지려든다. 성격이 급한(火) 자식은 히스테릭할 수 있다. 그러므로 자녀에게는 남편에 대한 부정적인 표현을 삼가는 것이 바람직하다.

자식인 丙·巳가 참신 酉金을 공격하여 분란을 일으키려고 하지만 불행 중 다행으로 己未 월주가 통관(通官)을 해주니 酉金은 안전하다고 할 수 있다.

己未 흙벽에 막힌 火들은 일주(日主) 쪽으로 화세(火勢)를 넓힐 수밖에 없다. 그 덕분에 乙木 일주(日主)는 멸기(滅氣)될 정도로 연소(燃燒)된다. 그래서 자식들의 성화가 유별나게 되고, 자식에게 억지로 희생(犧牲)을 당할 수 있다.

시	일	월	년
+ⓗ상관	-ⓜ日主	-ⓣ편재	-ⓢ편인
丙	乙	己	癸
戌	巳	未	酉
+ⓣ정재	+ⓗ상관	-ⓣ편재	-ⓖ편관
辛丁戊	戊庚丙	丁乙己	庚辛

ⓜ	火	土	金	水
1	2	3	1	1

(8) 시부모(日主가 여자일 경우)

★ 시아버지 = 남편(정관)의 아버지(편재) = 겁재

일주(日主) 乙木의 동기(同氣)인 비겁(比劫 비견 겁재)이 명(命)에 없다. 비겁(比劫)은 한신(閑神)이었으니 병(病) 주고 약(藥) 주는 역할을 하는데, 명(命)에 없으니 이도 저도 없다는 것으로 해석할 수 있다. 부부 싸움을 하려는데 마침 시아버지가 자리에 없는 것과 같다. 남 보기에도 무난한 시아버지이고, 내용상으로도 며느리에게 부담을 주지 않는 시아버지가 된다.

★ 시어머니 = 남편(정관)의 어머니(정인) = 편재

월주 己·未 편재(偏財)가 시어머니를 의미하는데, 土의 세력이 막강하기 때문에 시지 정재(正財) 戌土 역시 시어머니 그룹에 포함된다. 고지식하고 강강(強剛)한 시어머니를 만나게 된다.

앞에서 설명한 바 있지만, 명(命)의 재성(財星)이 이렇게 짜여 있다고 해서 반드시 고지식하고 강강(强剛)한 시어머니를 만나는 것은 아니다. 명(命)의 짜임이 이러하면, 아무리 유연하고 부드러운 시어머니를 만나도 일주(日主)는 자신의 색안경 때문에 시어머니를 부정적으로 여기게 되는 것이다.

일주(日主)는 허약한데, 시어머니를 의미하는 土 집단이 막강하기 때문에, 시어머니로 인한 부담과 스트레스가 매우 크다. 그럼에도 불구하고 일주(日主)가 허약하여 산사태 속에 거꾸로 쳐 박혀 있기 때문에 감히 시어머니에 대한 부담을 거부할 엄두도 내지 못한다.

역량이 넘치도록 큰 시어머니는 시시콜콜 틀린(흉신이니까) 잔소리, 융통성 없는 말(土)을 해대니 스트레스를 받게 된다. 어쩔 수 없이 시어머니를 회피하고자 하지만, 일주가 산사태 속에 갇혀 있기 때문에 시어머니에 대한 부담에서 쉽게 빠져나가지 못한다. 그래서 끙끙대며 살게 되니 시어머니와의 관계가 나쁠 수밖에 없다. 시어머니와 일정한 간격을 두고 떨어져 사는 게 바람직하다.

시	일	월	년
+⊛상관	-⊛日主	-⊕편재	-⊛편인
丙	乙	己	癸
戌	巳	未	酉
+⊕정재	+⊛상관	-⊕편재	-⊛편관
辛丁戊	戊庚丙	丁乙己	庚 辛

⊛	火	土	金	水
1	2	3	1	1

(9) 처가(日主가 남자일 경우)

* **장인** = 아내(정재)의 아버지(편재) = 정인
* **장모** = 아내(정재)의 어머니(정인) = 식신

명(命)에 장인(丈人)을 의미하는 정인(正印)이 없으니, 연간 癸水 편인(偏印)이 장인의 역할을 하는 별이 된다. 癸水는 희신이지만 파괴되어 무력한 상황이었다. 천간에 있으니 남 보기에는 훌륭한 장인을 모실 수 있으나, 실질적인 도움은 기대하기 어렵고, 장인의 건강이 나쁠 수도 있다.

명(命)에 장모(丈母)를 의미하는 식신(食神)이 없으니, 丙·巳 상관(傷官)이 장모(丈母)를 의미하게 된다. 丙·巳 상관(傷官)은 기신(忌神)을 돕는 구신(仇神)이라 흉측하니, 장모(丈母) 쪽에서 분란(紛亂)을 만들어낸다. 火이니 남들이 보기에는 따뜻한 장모(丈母)이지만 성격이 급하고 쓸데없는 간섭이 많다. 손재(損財)까지 유발할 수 있다. 장모(丈母)에 대한 스트레스가 많다.

(10) 직장, 명예, 관운 = 편관(특수직), 정관(일반직)

편관 酉金이 지지에 있으니 남들의 눈에 잘 띄지 않는, 별 볼일 없는 직업을 가질 수 있다. 하지만, 酉金은 참신(讖神)이니 해결사이다. 그러므로 흔히 말하는 관운(官運)이 좋은 것이다. 실속이 있는 직장생활을 할 수 있다. 酉金이 편관(偏官)이기 때문에, 일반적인 분야가 아닌 특수직이 바람직하다.

토생금(土生金)의 지원이 과도하다는 불리한 점이 있기 때문에 발전이 지체되기도 하지만, 참고 견디면 꾸준히 발전할 수 있고 실속을 챙길 수 있다. 여자라 할지라도 직업을 가지면 모든 문제에 대한 해법(解法)이 저절로 생긴다.

(11) 직업

참신(讖神) 酉金은 공직(公職)을 의미하고, 희신 癸水 인성(印星)은 배움을 의미하니 직장생활이 마땅하다.

金이 의미하는 검경(檢警), 공무원, 금속, 컴퓨터, 반도체, 전자 부문, 그리고 水 인성(印星)이 의미하는 학문(學問), 대학 교수, 교사, 외국어 강사 등이 적합하다. 법조계, 군인, 부동산, 금융, 스포츠 등 土의 기질에서도 두각을 나타낼 수 있다.

+ⓕ상관 -ⓜ日主 -ⓣ편재 -ⓦ편인 ㊍ 火 土 金 水
丙 乙 己 癸　　　　　　1 2 3 1 1
戌 巳 未 酉
+ⓣ정재 +ⓕ상관 -ⓣ편재 -ⓖ편관

이것은 재물이 아니야.
그저 종이로 만든
"제품"에 불과해

(12) 재물(財物) = 편재, 정재

돈보다는 명예(名譽)를 좇아야 길(吉)함이 있다. 土 재성(財星)이 여기 저기 널려 있으니, 혹자(或者)는 "돈이 많다"고 해석을 해주는 경우도 있다. 하지만, 그런 잘못된 해석은 남의 인생을 망치는 죄악(罪惡)이 된다. 土 재성(財星)이 흉악한 기신(忌神)이기 때문이다. 재성(財星)이 강하면서 흉신이 되면, 재물에 대한 감각이 뛰어나고 재물 욕심을 크게 부리게 된다. 이럴 경우에는 돈이 많은 게 아니라 "돈 사태(沙汰)"를 당해 질식하는 것으로 해석을 해 줘야, 일주(日主)가 신중하게 재물을 관리하여 일생을 편안하게 살아갈 수 있다.

돈이라면, 은행(銀行)에 많이 쌓여 있다. 그러나 그 돈은 은행원(銀行員)의 돈이 아니다. 은행원의 진짜 돈은 지갑에 들어 있는 월급(月給)이 전부이다. 그에게 있어 돈 다발은 하나의 처리대상, 업무, 물건에 불과한 것이다. 은행원이 돈 다발에 욕심을 내서 잘못 손댔다가는 패가망신(敗家亡身)하게 된다. 이 명(命)의 재물도 이와 같다. 재물에 대한 감각이 뛰어나지만, 자신이 욕심을 부려 투자했다가는 손재(損財)를 당할 가능성이 많다.

부동산(土)에 대한 감각이 뛰어나기 때문에, 친구에게 투자를 하라고 권하면, 그 친구는 횡재(橫財)를 하지만, 일주(日主) 자신이 투자를 하면 망하게 된다. 다시 말하자면, 부동산에 대한 뛰어난 감각을 이용하여, 수수료 정도에 만족하는 '부동산 중개인'이 되는 것은 무난하지만, 횡재(橫財)를 노리는 '부동산 투기꾼'이 되었다가는 도리어 곤란해진다. 있는 재산을 다 털어먹고 깡통 찰 수 있으니 주의해야 한다.

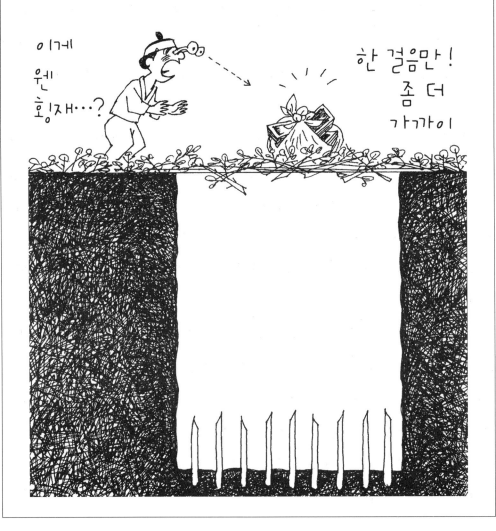

"돈 사태(沙汰)" 현상을 살펴보자.

산사태의 직접적인 원인은 화생토(火生土)를 해주는 火이다.

아이디어, 성급함, 시비다툼, 범법행위(상관)가 직접적인 원인이 되는 것이고, 그 결과는 참혹하리만큼 흉악(凶惡)하다. 잘못될 가능성이 더 농후하므로, 아무리 일확천금(一攫千金)을 할 수 있다는 확신이 들더라도, 다른 사람들에게 의견을 묻고 또 묻고, 살피고 또 살펴야 한다.

土 재성(財星)이 막강해서 재물에 대한 감각이 뛰어나고, 또한 천지(天地)에 재성(財星)이 널려 있으므로, 남의 것이 되었건 내 것이 되었건 재물이 귀하지는 않다. 과욕(過慾)만 부리지 않는다면 항상 자기 쓸 돈은 궁하지 않다고 해석할 수 있는 것이다. 그러나 土 재성이 흉악하여 재물 욕심이 많고, 일주(日主)가 허약하므로 수입보다는 지출이 더 바쁘다. 그러한 갈증(渴症)을 해소하기 위해서 과도한 투자나 도박 등 일확천금(一攫千金)을 노리면 소탐대실(小貪大失)할 수 있다. 욕심을 부렸다가는 패가망신(敗家亡身)의 늪에 점점 빠져들게 된다는 점을 명심하고 만족할 줄 아는 지혜가 필요하다.

재성(財星)이 천지에 널려 있으니 기분에 따른 지출이 있고, 남들은 부자(富者)로 여길 수 있다. 하지만 토(土)가 기신(忌神)이므로 빛 좋은 개살구나 속 빈 강정이 될 수 있다. 未·戌 땅 속에 재물을 묻어두었으니 아무리 어려워도 항상 자기가 사용할 비상금은 챙겨두고 지출한다.

시	일	월	년
+⊛상관	-⊛日主	-⊕편재	-⊛편인
丙	乙	己	癸
戌	巳	未	酉
+⊕정재	+⊛상관	-⊕편재	-⊛편관
辛丁戊	戊庚丙	丁乙己	庚 辛

⊛	火	土	金	水
1	2	3	1	1

(13) 건강

오행이 주류하고 있기 때문에 그런 대로 건강이 유지되는 편이다.

근본적으로 木은 금극목(金尅木)으로 쉽게 절단되므로 기계, 연장, 차량 등을 주의해야 한다. 나뭇가지 형태의 손가락, 발가락이 절단될 가능성이 많다.

木이 전소(全燒)되니 화상(火傷), 관절염, 간염의 우려가 있고, 水가 고갈(枯渴)되니 호르몬 이상, 순환기 질환, 콩팥 및 생식기 계통의 이상이 우려된다. 여자의 경우에는 자궁(水)이 불량할 가능성이 많으므로 지속적인 관리가 필요하다.

火로 인해 심장병, 노이로제, 히스테리 등의 우려가 있고, 土로 인해 위장병, 소화불량, 변비의 우려가 있다.

(14) 부부관계

남자는 발기부전이나 조루증(早漏症)을 겪을 가능성이 많다. 그러나 사정(射精)에 따른 쾌감(火)은 강한 편이다. 복상사(腹上死)의 우려가 있으니 주의하라.

여자는 자궁이 건조하여 지체됨이 많기 때문에 불감증(不感症)의 우려도 있다. 하지만 제대로 된 파트너를 만나면 멀티오르가슴을 느끼는 '옹녀'가 될 수도 있다.

(15) 행운(幸運)

金·水가 길한 작용을 하게 되므로 의류나 일상용품의 색깔은 하양(金), 검정(黑)이 좋다. 방향은 서쪽(金), 북쪽(水)이 좋고, 숫자는 4, 9(金), 1, 6(水)이 좋다.

아파트 호수(號數)를 정할 때나 전화번호를 고를 때, 작명(作名)을 할 때에도 金·水의 기운이 강화될 수 있는 글자를 선택한다.

火·土 기운은 독약(毒藥)이 될 수 있으니 주의해야 한다.

+㊋상관 -㊍日主 -㊏편재 -㊌편인   ㊍ 火 土 金 水

丙 乙 己 癸   1 2 3 1 1

戊 巳 未 酉

+㊏정재 +㊋상관 -㊏편재 -㊎편관

(16) 궁합

궁합(宮合)은 항상 자기의 명(命)을 위주로 하여 파트너의 희기작용을 판단한다.

일주(日主)가 火·土인 파트너는 매우 불리하다(凶神 흉신).

파트너가 신약한 金이라면, 넘쳐나는 일주(日主)의 강한 土 기운을 분배해 줄수 있으니 무난하지만, 상극(相剋)하는 금극목(金剋木)의 작용은 허약한 일주(日主) 乙木에게는 불리하므로 주의를 할 필요가 있다. 아무튼, 상극(相剋)의 궁합은 아무래도 살벌하기 때문에 권(勸)하기 힘들다. 金이 명(命)에서는 참신(讖神)이지만, 궁합에서는 병 주고 약 주는 한신(閑神)이 될 수도 있다. 더군다나 파트너 金의 역량이 막강한 상태라면 흉(凶)한 궁합이 될 수 있다.

水 일주(日主)를 지닌 파트너라면 좋다. 수생목(水生木) 관계가 되기 때문에 유정(有情)함이 있게 된다. 수생목(水生木)의 지원은 감로수(甘露水)가 되므로 길(吉)한 궁합이 될 수 있다.

파트너가 金·水의 역량이 큰 水 일주(日主)라면 참신, 희신의 역할을 기대할 수 있으므로 금상첨화(錦上添花)라고 할 수 있다. 파트너가 金의 역량이 막강하더라도 水 일주(日主)라면, 金은 금극목(金剋木)의 전쟁보다는 금생수(金生水)의 지원을 우선적으로 유발하는 것으로 해석해도 무방하다.

木 파트너는 한신(閑神)이기 때문에, 허튼 불장난과 다툼을 유발하여 일희일비(一喜一悲)할 수 있으니 주의가 요구된다.

시	일	월	년
+⊛상관	-⊛日主	-⊕편재	-⊛편인
丙	乙	己	癸
戌	巳	未	酉
+⊕정재	+⊛상관	-⊕편재	-⊛편관
辛丁戊	戊庚丙	丁乙己	庚辛

⊛	火	土	金	水
1	2	3	1	1

(17) 개운책(改運策)

운명을 고치는 것을 개운(開運)이라고 한다. 역학(易學)을 공부하는 목적은 운명을 아는데 있는 것이 아니라, 운명의 독특한 굴곡을 알고, 그 굴곡에 맞게 운명을 개선하는데 있다. 한 가지 병(病)에 백 가지 약(藥)이 있는 것이니 역학자(易學者)는 개운책에 대한 연구를 게을리 해서는 안 된다.

이 사주는 허약한 乙木 일주에 대한 극설(剋洩)이 막강하고 생조(生助)가 미약하기 때문에, 생조(生助)하는 것이 효과적인 개운책(改運策)이 된다.

생조(生助)가 필요하니 일단 자신의 역량을 제고(提高)시켜야 한다. 주경야독(晝耕夜讀)을 하면서라도 자기 발전을 위해 공부하는 게 중요하다. 언행(言行)에 신중함을 기하고, 쓸데없는 고집이나 의리, 인정(人情)을 버리면 반드시 행운(幸運)이 찾아온다.

(18) 간명(看命) 주의 사항

간명(看命)할 때 초보자는 나무(日主)의 크기와 모양만을 따지는 경우가 많지만, 현재 상황을 파악하는 게 더 중요하다. 나무가 어떤 환경에서 태어났고 지금까지 어떤 경로를 겪었으며, 그로 인해 어떤 후유증이 남아 있는지를 알아야 한다. 간명(看命)하고 있는 현재는 지금까지의 과거가 축적된 결과이기 때문이다. 현재 상황을 제대로 알아야 미래를 정확하게 예단(豫斷)할 수 있다.

50인 50색(色)이기 때문에, 아무리 뛰어난 역학자라 할지라도 귀신이 들지 않았다면, 상담객의 지갑에 돈이 얼마나 들어있는지 알아 맞추기는 어렵다. 용하다는 말을 듣기 위해서 접신(接神)한 사람처럼 족집게 시늉을 했다가는 오히려 낭패를 보기 쉽다. 학자(學者)가 아닌 돌팔이로 추락하고 불신을 받게 된다. 그러므로 지갑에 들어 있는 돈의 액수를 알아 맞추려 하지 말라. 운명이 흉해도 재벌의 후예라면 수십억 원을 지니고 있을 수 있고, 아무리 운명이 좋아도 노력하지 않은 사람이라면 무일푼일 수 있다.

비록 상담객의 지갑에 돈이 얼마나 들어있는지 당장 알아 맞추지는 못해도 상담객이 자신의 종자돈 액수를 알려주면 앞으로 얼마가 될 수 있는지는 알아낼 수 있다. 미래는 과거가 아닌 현재(現在)에서 출발하듯이 모든 통변도 현재(現在)에서 시작해야 한다. 인간의 운명은 오행 작용의 산물(産物)이기 때문에 오행의 이론만 제대로 알고 있으면 미래는 어렵지 않게 예측할 수 있다. 운명(運命)의 미추(美醜)를 안다면 보다 더 나은 삶을 살아갈 수 있다.

명(命)이 가는 길, 운(運) 보기를 시작해보자.

제2장 운(運) 보기

1. 운(運)이란?

명(命)이라고 하는 풍경화가 살아있는 자연(自然)이 되기 위해서는 날씨(계절)라고 하는 운(運)이 가미되어야 한다. 그러므로 운명(運命)의 길흉(吉凶)을 논하기 위해서는 명(命)을 알고 운(運)도 알아야 한다.

완전무결한 명(命)은 없다. 어떤 사주이건 길흉이 있기 마련이다. 명(命)은 운에 의해서 보충되거나 파괴된다. 변화할 가능성이 있다는 점은 노력하는 인생의 중요한 의미가 된다. 운로(運路)를 파악하여 유용하게 삶의 지침으로 삼는다면 풍파와 암초를 능히 피할 수 있다.

날씨가 만물을 생살여탈(生殺與奪)할 수 있으니 운(運)이 중요하다. 그래서 사주불여대운(四柱不如大運)이라 한다. 모든 日主는 이 세상에 태어난 순간부터 날씨의 영향을 받으면 생장하고 소멸한다. 시시각각 변하는 날씨가 바로 운(運)이다.

인간은 누구나 태어나면서부터
죽을 때까지 운(運)의 영향을 받게 된다.

가. 운(運)의 종류

* **대운**(大運) : 10년간(30년)을 관장(管掌)한다.

* **세운**(歲運) : 1년간을 관장(管掌)한다.

* **월운**(月運) : 1개월간을 관장(管掌)한다.

* **일운**(日運) : 1일간을 관장(管掌)한다.

* **시운**(時運) : 2시간을 관장(管掌)한다.

　5가지 운(運)속에 놓여 있지만 그 중에서 대운(大運)과 세운(歲運)이 운로(運路)를 주도(主導)하는 것으로 본다. 대운(大運)이 계절이라면 세운(歲運)은 당일(當日)의 날씨이다.

　대운(運)이라는 인공위성과 세운(歲運)이라고 하는 인공위성이 항상 명(命)을 비추고 있다. 이 위성들의 역량은 막강하고 그 영향력은 지대하다. 격리된 오행들을 연계시켜 주기도 하고 방해전파를 발사하여 소통을 차단하기도 한다. 간혹 위성들끼리 싸움을 벌이기도 한다.

나. 대·세운 간지(干支)의 영향력

구분	기간(期間)	주도자	영향력(%)	
			천간	지지
대운	전 5년	천간	70	30
	후 5년	지지	30	70
세운	전 6개월	천간	70	30
	후 6개월	지지	30	70

　사주의 8개 오행에 대·세운의 간지 오행 4개가 더해지면 그림이 많이 바뀐다. 없었던 것이 생겨나기도 하고, 뽕밭이 바다가 되기도 한다.

　운(運) 보기는 한 마디로 '틀린 그림 찾기'라고 말할 수 있다. 기본도와 비교해서 달라진 부분을 찾아내고, 어떻게 달라졌는지를 밝히는 과정이다. 바람직하게 변하면 길운(吉運)이고, 치우침이 더욱 심해지면 흉운(凶運)이 된다.

다. 대·세운의 길흉(吉凶)에 따른 상황 변화

구분	대운	세운	상 황
길흉(吉凶)	길(吉)	길(吉)	금상첨화(錦上添花)
		흉(凶)	호사다마(好事多魔)
	흉(凶)	길(吉)	구사일생(九死一生)
		흉(凶)	설상가상(雪上加霜)

＊ 금상첨화(錦上添花)

대운(大運)과 세운(歲運)이 모두 길(吉)하다면 큰 발전을 도모할 수 있다. 기회만 있으면 발전한다. 뜻을 이루니 님도 보고 뽕도 따는 격(格)이다.

＊ 호사다마(好事多魔)

대운(大運)은 길(吉)하지만 세운(歲運)이 흉(凶)하다면 뜻은 있으나 성취(成就)하기는 쉽지 않다.

＊ 구사일생(九死一生)

대운(大運)은 흉(凶)하지만 세운(歲運)이 길(吉)하다면 은인이 위기(危機)에서 구해준다. 분수(分數)를 지키면 작은 성취(成就)는 가능하다.

* 설상가상(雪上加霜)

대운(大運)과 세운(歲運)이 모두 흉(凶)하다면 모함(謀陷)을 받아 형사(刑事)문제까지 뒤집어쓴다. 마음을 비우고, 참고 견디는 것이 최선의 방책이다.

50인 50색(色)이니 운(運)이 한결같지 않다. 길운(吉運)이라도 여건이 구비되지 않았으면 평범한 운이 되고, 흉운(凶運)이라도 대비를 잘하면 얼마든지 흉함을 피해 갈 수 있기 때문이다.

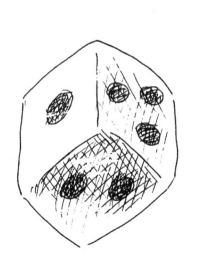

주사위는
던져졌다!

카이사르!
아이 엠   카이사르

라. 운(運)을 보는 순서

① 운(運)의 희기(喜忌)를 따진다.
② 운(運)의 합·충을 본다.

(1) 희신운(喜神運)

신왕격(身旺格)에는 식상, 재성, 관살 등 극설(剋洩)하는 운(運)이고, 신약격 (身弱格)에는 비겁, 인성 등 생조(生助)하는 운이다.

* 비겁(比劫)운 - 신약격

신약한 日主의 기운을 북돋아 주니 형제·친구 등 사람으로 인한 발전을 기대할 수 있다. 다가오는 사람은 모두 나에게 도움을 주니 의외의 발전이 있게 된다. 합자나 동업으로 재물을 얻을 수 있다.

* 인성(印星)운 - 신약격

문서·배움·어머니로 인한 기쁨이 생긴다. 시험에 합격을 하거나 새로운 일을 시작하여 성취하고 건강도 회복한다. 주변의 지원으로 기대 이상의 성 과가 있게 된다.

✻ 식상(食傷)운 - 신왕격

신왕한 日主의 기운을 소모할 곳이 생기는 것이니 마음에 드는 직장을 구할 수 있으며, 아이디어를 이용한 횡재가 있게 된다. 남자의 경우에는 아랫사람들의 협조로 뜻하는 일이 이루어지며 만사형통하니 큰 소리를 뻥뻥 치게 된다. 여자의 경우에는 자식으로 인한 경사가 있게 된다.

✻ 재성(財星)운 - 신왕격

재물에 대한 기쁨이 생긴다. 하는 일 마다 성취되고, 기대 이상의 소득을 올리게 된다. 아버지나 시댁의 효과적인 지원이 있게 된다. 남자는 아내의 실속 있는 협조 덕분에 출세하고 뜻한 바를 이룬다.

✻ 관살(官殺)운 - 신왕격

명예와 직장 관계가 크게 좋아진다. 좋은 직장에 취직하거나 승진을 할 수 있고, 시험에 합격을 하는 기쁨이 있다. 올바른 행동으로 주변의 귀감이 되고 상(賞)을 받아 이름을 만방에 날린다. 남자는 자식으로 인한 경사가 있고, 여자는 남편으로 인한 복록이 있게 된다.

(2) 기신운(忌神運)

신왕격(身旺格)에는 비겁, 인성 등 생조(生助)하는 운(運)이고, 신약격(身弱格)에는 식상, 재성, 관살 등 극설(剋洩)하는 운이다.

* 비겁(比劫)운 - 신왕격

신왕한 日主의 기운을 더 강(强)하게 만들어 주니 형제·친구 등의 배신으로 인한 손해가 많게 된다. 합자나 동업으로 재물을 날릴 수 있다. 잘 다니던 직장을 자존심이 상한 일로 인해 그만 둘 가능성이 있고 미뤄오던 이혼을 결행할 가능성이 있다. 그런 일들로 기세를 부릴 수는 있지만 불리한 것이 된다.

* 인성(印星)운 - 신왕격

문서·배움·어머니로 인한 애로가 생긴다. 잘 나가다가 느닷없이 새로운 일을 시작하여 도리어 큰 손해를 보게 된다. 건강이 악화되기 쉬우며, 주변의 지원을 기대했다가 낭패를 보게 된다. 계약·보증 등으로 인한 손해가 있다.

* 식상(食傷)운 - 신약격

신약한 日主의 기운을 더욱 소모시키니 건강이 악화될 수 있다. 마음에 드는 직장을 구할 수 없으며, 직장에서 불미스러운 일을 당하거나 관재(官

災)가 있게 된다. 모든 아이디어와 시비(是非)는 재앙의 원인이 된다. 남자는 아랫사람들의 배신으로 일을 망치고 불만이 고조된다. 여자의 경우에는 자식으로 인한 근심이 많게 된다.

★ 재성(財星)운 - 신약격

재물에 대한 근심이 생긴다. 하는 일 마다 돈이 들어가고 예상외로 손해가 많다. 아버지나 시댁의 부담이 가중된다. 남자는 아내로 인한 좌절과 부담이 가중된다.

★ 관살(官殺)운 - 신약격

명예와 직장 관계가 크게 악화된다. 건강을 잃기 쉬우며 교통사고, 수술, 형사처벌 등 불미스러운 일이 생긴다. 남자는 자식으로 인한 애로, 여자는 남편으로 인한 부담이 가중된다.

기신(忌神)운에는 불리한 결과를
얻을 수 있으니 항상 주의해야 한다.

+㊋상관 -㊍日主 -㊏편재 -㊌편인　㊍　火　土　金　水

丙　乙　己　癸　　1　2　3　1　1

戌　巳　未　酉

+㊏정재 +㊋상관 -㊏편재 -㊎편관

2. 운(運)에 따른 명(命)의 변화

가. 기본도(基本圖) 복습

일주(日主)가 乙木이니 그림의 주제는 초목(草木)이다.

그러나 그 초목(草木)은 광활한 사막, 뜨거운 모래밭에서 보일 듯 말 듯 자라
고 있다. 음목(陰木)이니 작고 연약하다. 이 사주에서는 木이 절대적으로 허약
하기 때문에 생육 상태가 매우 불량하다. 모래와 화산 등으로 인해 환경이 지
극히 열악하다.

화산(火山)으로 인해 발생한 화재가 모래바닥을 휩쓸고 있다. 초목(草木)의 잎
에도 불이 붙어 화세(火勢)를 북돋운다. 화산재, 흙먼지, 고열(高熱)로 인해 광합
성 작용을 방해받기 때문에 乙木의 몰골은 매우 초췌해진다.

사막 너머에는 癸水가 흘렀던 흔적이 남아 있지만, 모래의 흡수(吸水)와 증발
(蒸發)로 인해 물 한 방울 흐르지 않고 있다. 생명수(生命水)를 만들어 내는 물
탱크가 1개 놓여져 있다. 헌데, 물탱크가 놓여져 있는 곳이 乙木이 있는 곳과는
반대쪽이니, 乙木이 급수(給水) 혜택을 받기까지는 꽤나 많은 시간이 걸릴 것
같다.

木·火·土·金·水 운에 따른 개략적인 변화를 살펴보자.

+㊋상관 -㊍日主 -㊏편재 -㊌편인　㊍　火　土　金　水
丙　乙　己　癸　　　1　2　3　1　1
戌　巳　未　酉
+㊏정재 +㊋상관 -㊏편재 -㊎편관

木운

나. 木운

* 木 강화 - 水 약화

허약한 乙木 일주(日主)가 기세(氣勢)를 회복한다. 일주(日主)가 강해지니 자존심을 회복하게 되고, 이제껏 미루어왔던 일을 시작하려고 한다. 자존심이 강해지니 도리어 자존심 상하는 일이 생기고, 새로운 경쟁자가 나타나 방해를 한다. 욕심을 부려 손재(損財)할 수 있다. 잘 다니던 직장을 그만두고 새로운 일을 시작하려고 하지만 뜻을 성취하기가 쉽지 않으니 주의해야 한다. 어머니에게 불리한 일이 생기거나 부부가 불화(不和)할 수 있다.

* 火 강화 - 金 약화

시비다툼, 폭행사건 등으로 인해 법적인 문제(관재구설, 火剋金)가 발생한다. 직장에서 불리한 일이 생기고, 자식이나 남편에게 예상치 못한 문제가 발생한다. 심장질환, 시력감퇴, 수족 손상이 우려된다.

* 土 약화?

기신(忌神) 土의 세력이 약화되는 듯 보이지만, 목생화(木生火), 화생토(火生土)로 귀결이 되므로 흉(凶)이 별로 줄어들지 않는다. 방심했다가는 손재(損財 상모)를 당할 수 있으니 재물 관리에 신중을 기해야 한다.

+㊌상관 -㊍日主 -㊏편재 -㊌편인　㊍　火　土　金　水

丙　乙　己　癸　　1　2　3　1　1

戌　巳　未　酉

+㊏정재 +㊋상관 -㊏편재 -㊎편관

火운

다. 火운

* 木 약화 - 火 강화

불난 집에 기름을 붓는 격이니 화세(火勢)가 커진다. 허약한 乙木을 불(火)로 태워 소모시키니 일주(日主)가 기력을 상실한다. 괜한 구설수로 인해 법적인 시달림을 받고, 새로운 문제가 도출되어(火) 막힘이 많아진다.

후배나 부하에게 뒤통수를 맞을 수 있으며, 남편이나 자식에게 흉사(凶事)가 있을 수 있고, 심장질환, 시력감퇴, 치아 손상, 수족 손상이 우려된다.

* 土 강화 - 金 약화

구신(仇神) 火가 화생토(火生土)하여 기신(忌神) 土를 생조하니 재물의 난동(亂動)이 우려된다. 사기를 당하거나 손해배상을 해 주느라고, 약탈을 당하듯이 허망하게 재물이 빠져나갈 수 있다.

직업이 불안해지고, 명예가 훼손될 수 있다. 진정, 고발(火) 등으로 인한 큰 관재(官災, 火剋金)가 발생하든지 아니면 건강이 악화될 수 있다.

* 水 약화

그렇지 않아도 힘을 쓰지 못하고 있는 水가 열(熱)을 받아 더욱 고갈된다. 문서, 계약, 창업, 이사, 전직(水 인성) 등으로 인한 어려움이 있다.

+⽕상관 -⽊日主 -⼟편재 -⽔편인　⽊ ⽕ ⼟ ⾦ ⽔

丙 乙 己 癸　　1 2 3 1 1

戌 巳 未 酉

+⼟정재 +⽕상관 -⼟편재 -⾦편관

土운

라. 土운

* 木 약화 – 土 강화

土 재성(財星), 모래바람이 하늘을 뒤덮으니 사막의 모래가 불어난다. 허약한 일주(日主) 乙木은 목극토(木剋土)를 온몸으로 수행하기 때문에 더욱 약해진다. 기신(忌神)인 土가 강화되니 고집이 더욱 강해지고 흉사(凶事)가 연발한다.

재물의 산사태가 일어나니 경제적인 면이 극히 불량해진다. 최악의 운(運)이 되니 매사에 주의를 해야 한다. 부부를 비롯한 온가족의 불화가 우려되고, 위장병, 천식, 호흡기 질환, 시력 감퇴 등의 질환이 발생할 수 있다.

* 火 약화 – 金 강화?

불어난 土를 생산하느라 火가 줄어들지만, 土가 화산의 분출구(噴出口)를 막기 때문에 압력(壓力)은 더욱 가중된다. 스트레스가 쌓이게 되고, 건강도 해칠 수 있다.

土는 金을 더욱 깊이 매몰시키니 자식에 대해 신경 쓸 일, 답답한 일이 생긴다.

* 水 약화

희신 水의 기세가 극히 약화되니 문서, 계약, 창업, 이사, 전직(水 인성) 등으로 인한 애로(隘路)가 발생하고, 법정에도 설 수 있다.

+㊋상관　-㊍日主　-㊏편재　-㊌편인　　㊍　火　土　金　水

丙　乙　己　癸　　　　1　2　3　1　1

戌　巳　未　酉

+㊏정재　+㊋상관　-㊏편재　-㊎편관

金운

마. 金운

* 木 약화 - 金 강화

金은 해결사였다. 토생금(土生金)을 도모하여, 흉한 土 집단의 기세를 약화시키니 흙먼지가 걷히고 사막(沙漠)이 줄어든다.

수고로움이 작지 않지만 오랫동안 바라던 바가 어느 정도 이루어져 명예를 얻을 수 있다. 남자는 자식(金), 여자는 남편으로 인한 경사가 있다. 금극목(金剋木)의 아픔으로 인해 잔병치레를 할 수 있고 수족(手足)의 손상, 교통사고 우려가 있으니 안전에는 만반의 주의를 기울여야 한다.

* 火 약화 - 土 약화

화극금(火剋金), 토생금(土生金)으로 인해 흉신 火·土의 기력이 소모된다. 운세의 순리적인 면이 강화되어 발전을 이룩한다.

직장이나 명예를 얻기 위해서 재화(財貨)를 지출하지만, 그 쓰임새는 바람직한 것이 된다. 가족의 돈독한 화합(和合)이 있다.

* 水 강화

희신 水의 기세가 좋아지니 문서, 계약, 창업, 이사, 전직(水 인성) 등에 유리함이 있다. 욕심을 부리지 않고 순리에 따른다면 반드시 길(吉)함이 있다.

+㊋상관 -㊍日主 -㊏편재 -㊌편인　㊍　火　土　金　水
　　　　　　　　　　　　　　　　　　1　2　3　1　1

丙 乙 己 癸
戌 巳 未 酉

+㊏정재 +㊋상관 -㊏편재 -㊎편관

水운

바. 水운

* 木 강화 - 水 강화

사막(沙漠)에 단비가 내리니 대지가 촉촉하게 젖는다. 수로(水路)에 물이 가득 차 넘치니 사막에 물길이 생긴다. 목마른 초목(草木)에 감로수를 공급하니 명(命)의 참신(讖神)인 金의 운(運)보다 더 길한 운(運)이 된다. 수생목(水生木)하는 희신 水의 지원이 아름답다. 귀인의 도움으로 천군만마(千軍萬馬)를 얻으니 기세가 크게 회복된다. 취직이나 승진 문서를 받을 수 있고, 계약, 창업, 이사, 전직(水 인성) 등의 일로 크게, 저절로 발전한다.

그러나, 호사다마(好事多魔)한다는 점을 크게 주의해야 한다. 土 집단이 水를 호시탐탐 노리고 있기 때문에 어머니나 문서 등 水가 의미하는 일에서 의외의 분란이나 큰 문제점이 발생할 수 있다. 급사(急死)의 우려도 있다.

* 火 약화 - 土 약화

단비가 내려 열기(熱氣)를 식히고, 흙먼지를 거두니 시야가 쾌청해진다. 복잡했던 머리가 말끔해지니 옳은 생각들이 머릿속에 가득하다. 모든 근심 걱정이 일거에 사라진다. 가족이 화목하고 모든 시비 다툼이 잦아든다. 경제적인 면도 회복된다.

* 金 약화

해결사 金의 금생수(金生水) 작용은 길(吉)한 것이기 때문에 명예가 더욱 빛난다. 직장, 자식, 남편으로 인해 기쁨을 얻는다.

사. 간지(干支)에 따른 운세 통변

지금까지 木·火·土·金·水 운에 따른 변화를 개략적으로 살펴보았다. 명(命)보기에서 자세히 설명했던 오행의 희기(喜忌)를 원론적으로 해석한 것이니 이해하는데 별반 어려움은 없었을 것이다.

그러나 실제적인 통변은 오행으로 살펴본 것처럼 간단하지는 않다. 10개의 천간과 12개의 지지는 각각의 특성이 있고, 합·충이라는 마법(魔法)을 지니고 있기 때문이다. 그런 특성과 마법은 예상치 않은 변화를 유발한다.

길신이라 할지라도 합·충으로 인해 변질되면 흉신이 될 수 있고, 흉신도 합·충을 통해 개과천선(改過遷善)하면 길신이 될 수 있다. 그러므로, 명(命)과 행운(行運)의 합·충을 면밀히 검토해야 한다.

명(命)에서는 오행이 놓인 위치가 중요하다고 했는데, 그 위치의 중요성은 운(運)에서도 계속된다. 운(運)을 타고 내려온 간지(干支)는 명(命)에 있는 간지 오행과 연합하기 때문이다.

길운(吉運)이라 할지라도 일주(日主)와 멀리 있는 간지(干支)와 연합을 해야 한다면 그 역량의 발휘됨이 느리고 효과도 떨어질 수밖에 없다. 적군(敵軍) 사령부로부터 멀리 떨어진 곳에 교두보를 마련했다면 공수특전요원이 투입되더라도 신속한 전과(戰果)를 얻기는 힘들 것이다.

교두보(橋頭堡)도 천차만별

+ⓗ상관 -ⓜ日主 -ⓣ편재 -ⓦ편인　　ⓜ　火　土　金　水
　　　　　　　　　　　　　　　　　　　1　2　3　1　1
丙　乙　己　癸
戌　巳　未　酉
+ⓣ정재 +ⓗ상관 -ⓣ편재 -ⓖ편관

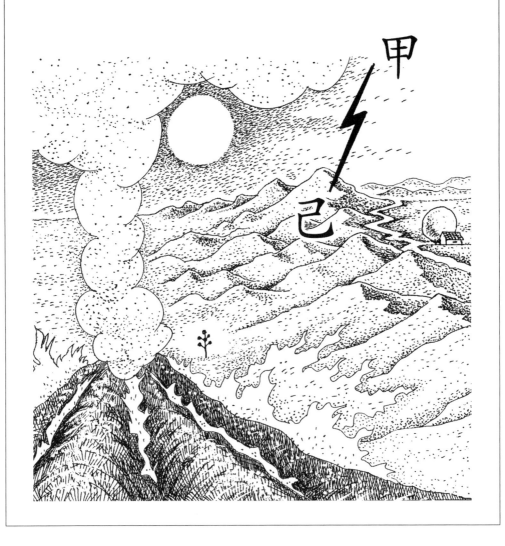

(1) 甲운

* 木 강화 - 土 강화 (갑기합토 甲己合土)

한신(閑神) 甲木이 날아와 월간 己土와 甲·己합을 한다.

甲木 겁재(劫財)가 다가오니 일시적으로 일주(日主) 乙木이 기력을 회복하지만, 甲木은 원래 구신(仇神)인 火를 생산하는 한신(閑神)이었기 때문에 조심할 점이 많은 친구이다. 기신(忌神) 土의 역량이 커질까 봐 노심초사(勞心焦思)하고 있는데, 월간 편재(偏財) 己土에게 홀려 덜커덕 甲·己합을 하여 土로 변질되니 결코 길(吉)하지 않다.

졸저 『그림으로 배우는 사주원리』와 『통변실례 ①』에서 합(合)과 화(化)에 대하여 설명한 바 있듯이, 합(合)이 되면 화(化)가 되는지 검토해 봐야 한다. 이 명(命)의 경우에는 土의 세력이 막강한 판세이기 때문에, 분위기가 土로 흘러갈 수밖에 없으므로 甲·己가 만나 합(合)을 하면 土로 화(化)한다고 볼 수 있다.

만약, 木이 강한 판세였다면 합(合)은 할지라도 화(化)는 안 되는 것으로 해석 했을 것이다.

+㉻상관 -㉧日主 -㊏편재 -㊌편인　㊍　火　土　金　水
1　2　3　1　1

丙　乙　己　癸
戌　巳　未　酉

+㊏정재 +㉻상관 -㊏편재 -㊎편관

甲운

甲운

* 木 강화 - 土 강화 (갑기합토 甲己合土)

甲木이 己土를 만나 합(合)을 하고, 또 화(化)를 할지라도 오행은 본성을 잃지 않기 때문에 木의 기세가 강화된다. 木은 일주(日主)와 동기(同氣)이지만 한신(閑神)이라는 점을 기억한다면, 甲木운이 결코 길운(吉運)이 아니라는 것은 짐작할 수 있을 것이다.

친구(겁재) 덕분에 乙木의 기운이 강화되지만 친구가 온통 흙과 뒤범벅이 되어 버려서 그가 나무인지 흙인지 분간할 수가 없다. 친구가 진흙범벅이 되니 일주(日主)도 덩달아 제정신을 차리지 못한다. 기신(忌神)집단인 土 재성(財星)이 강화되니 재물의 운용이 뒤죽박죽된다. 甲木의 꼬드김으로 인해 늘어나는 탐욕을 좇아 사기(詐欺)에 걸려들어 손재(損財)를 당할 수 있고, 퇴직(退職)할 수 있으니 주의해야 한다. 이성(異性)에 발목을 잡힐 수 있고 부부 불화(不和)하니 언행을 신중히 해야 한다. 갑작스러운 수족의 손상, 교통사고 우려가 매우 많다.

* 火 보합 - 金 보합

스트레스가 증가하여 시비다툼, 폭행사건 등으로 인해 법적인 문제가 발생할 수 있다. 자식이나 남편에게 문제가 발생한다. 간(肝), 관절염, 수족 손상이 우려된다.

* 水 약화

어머니에게 불리한 일이 생기거나, 계약, 문서 등에서 문제가 발생할 수 있다.

+⊛상관 -⊛日主 -⊕편재 -⊛편인   ㊍ 火 土 金 水
丙 乙 己 癸   1 2 3 1 1
戌 巳 未 酉
+⊕정재 +⊛상관 -⊕편재 -㊎편관

乙운

(2) 乙운

* 木 강화 - 火 강화

형제, 친구인 乙木 비견(比肩)이 다가와 일주(日主) 乙木의 기력을 증가시켜 준다. 하지만 乙木은 원래 구신(仇神)을 생산하는 한신(閑神)이었기 때문에 조심할 점이 있는 형제이고 친구이다.

일단, 乙木 일주(日主)가 기세를 올리니, 일주(日主)가 하고자 하는 일은 진척(進陟)이 되는 분위기가 된다. 주변의 도움이 있는 운(運)이다. 그러나, 분위기는 좋다고 하더라도 그 끝은 구신(仇神)인 火를 생산하여 흉(凶)한 것으로 결론이 날 수 있으니, 적게라도 빨리 실속을 챙기고 빨리 빠져 나오는 게 상책이다.

이처럼 속전속결(速戰速決)이 중요하지만, 욕심을 부리지 않는 것도 중요하다. 과욕(過慾)을 부리면 몸이 무거워지니 신속하게 빠져 나올 수 없다. 욕심의 1/2 이상을 덜어내고 처신하면 성취함이 있게 된다.

괜한 시비다툼으로 인해 법적인 시달림을 받고, 새로운 문제가 도출되어(火) 막힘이 많아진다. 후배나 부하에게 뒤통수를 맞을 수 있다. 남편이나 자식에게 흉사(凶事)가 있을 수 있고, 소화기 질환, 시력감퇴, 치아 손상, 수족 손상이 우려된다.

+⊘상관　-⊛日主　-⊕편재　-⊛편인　　⊛　火　土　金　水
　　　　　　　　　　　　　　　　　　　　1　2　3　1　1

丙 乙 己 癸
戌 巳 未 酉

+⊕정재　+⊘상관　-⊕편재　-⊛편관

乙운

乙운

* 土 약화

乙木이 목극토(木剋土)로 상극(相剋)을 하니 土 집단의 기운이 약화된다. 그러나 한편으로는, 乙木의 목생화(木生火)를 받아 튼튼해진 火가 힘차게 화생토(火生土)를 하여 土를 지원해 준다(木→火→土). 이처럼 모든 오행의 작용에는 생극(生剋)의 득(得)과 실(失)이 있기 마련이지만, 乙운의 목극토(木剋土) 상극은 직접적인 작용이고, 木→火→土 상생은 간접적인 작용이다. 그러므로 이런 경우에는, 상생작용은 미미하게, 상극(相剋)작용은 두드러지게 나타난다고 해석해야 한다.

목극토(木剋土)로 인해 기신(忌神) 土의 세력이 약화되는 듯 보이지만, 土 집단이 워낙 막강하기 때문에 乙木이 공격을 해도 결코 土는 약화되지 않는다. 도리어, 하극상(下剋上)이라고 하는 상모(相侮)가 발생할 수 있다. 乙木이 제 발로 산사태 흙무더기 속으로 빠져 들어가는 격이니, 모든 흉(凶)은 욕심으로 인해 발생할 수 있다. 욕심을 부리다가는 손재(損財 상모)를 당할 수 있으니 조심해야 한다. 색정문제, 부부 불화, 수족의 손상 우려가 있다.

* 金 약화 - 水 약화

퇴직(退職), 건강 악화의 우려가 있고, 후원이 중도에서 끊길 수 있다. 계약, 창업, 이사, 전직(水 인성) 등은 신중히 하라.

+㉒상관 -㉖日主 -㉗편재 -㉘편인 ㊍ 火 土 金 水

丙 乙 己 癸　　　1 2 3 1 1

戌 巳 未 酉

+㉗정재 +㉒상관 -㉗편재 -㉘편관

丙운

(3) 丙운

* 木 약화 - 火 강화

열(熱)을 내뿜고 있는 태양(太陽)이 丙火운으로 인해 더욱 커진다.

뜨겁기도 하려니와 일지(日支) 巳火의 기세를 북돋아주니 화세(火勢)가 한껏 확장된다. 하늘과 땅 모두가 열기(熱氣)를 내뿜으니, 목마름의 고통을 겪고 있던 허약한 일주(日主) 乙木은 피할 곳이 없어진다. 섶을 지고 불 속으로 뛰어들어가는 격이고, 불난 집에 기름을 붓는 격이다. 허약한 乙木 일주(日主)는 더욱 다급해진다.

丙火 상관(傷官)은 아이디어를 의미하므로 새로운 시도(試圖), 사업구상 등으로 인해 사기를 당한다거나 손해배상을 해 주느라고, 약탈을 당하듯이 허망하게 재물이 빠져나갈 수 있다. 왜, "약탈을 당하듯이"라는 표현을 쓰는가?

土운과 火운의 차이점을 살펴보자.

土가 최대 흉신인 기신(忌神)이라는 것은 일주(日主)도 이미 알고 있다고 봐야 한다. 워낙 막강하고 흉하기 때문이다. 그래서 土운에는, 일주(日主)도 "돈문제"라고 하는 확실한 문제의식을 갖게 된다. 土운은 흉운(凶運)이니까 손재(損財)를 당할 가능성이 많지만, 당할 때는 당하더라도, 원수가 누구인지, 적(敵)이 누구인지를 알고 당하는 것이다.

+㈏상관 -㊍日主 -㊏편재 -㊌편인　㊍　火　土　金　水
　　　　　　　　　　　　　　　　　　1　2　3　1　1

丙 乙 己 癸
戌 巳 未 酉

+㊏정재 +㈏상관 -㊏편재 -㊎편관

丙운

丙운

* 木 약화 - 火 강화

그러나 일주(日主)는 구신(仇神) 火에게는 관대할 수 있다. 火는 상생(相生) 관계에 놓여 있어 유정(有情)하기 때문이다. 내 자식이 하는 말은 더 기특하고 더 예쁘게 보이고, 내 자식의 실수에는 관대한 것이 모든 어머니의 마음이다. 그런 연유로, 火가 구신(仇神), 흉신(凶神)임을 망각하고, 쉽게 火의 어리광에, 귀여움에 빠져 흉사(凶事)를 겪게 되는 것이다.

문득 떠오른 아이디어를 "기가 막히게 좋은" 것으로 여긴다거나, 火는 열정이므로 사랑에 빠져서, 뜨겁게, 재미있게, 미친 듯이 재물을 쏟아 붓기 때문에 금고가 바닥을 보이게 된다. 그러므로 火운이 土운보다 더 흉(凶)할 수 있기 때문에 '약탈(掠奪)'이라는 낱말을 쓴 것이다.

성급한 말 한마디, 괜한 시비다툼 등으로 인해 법적인 시달림을 받을 수 있고, 새로운 문제가 도출되어(火) 지장을 초래한다. 후배나 부하에게 뒤통수를 맞을 수 있다. 남편이나 자식에게 흉사(凶事)가 있을 수 있고, 심장질환, 시력감퇴, 치아 손상, 수족 손상, 교통사고, 수술 등이 우려된다.

* 土 강화 - 金 약화

재물의 난동(亂動)이 우려된다. 직업이 불안해지고, 명예가 훼손될 수 있다. 진정, 고발(火) 등으로 인한 큰 관재가 발생하거나 건강이 악화될 수 있다.

* 水 약화

문서, 계약, 창업, 이사, 전직(水 인성) 등으로 인한 어려움이 있다.

+㊋상관 -㊍日主 -㊏편재 -㊌편인 ㊍ 火 土 金 水

丙　乙　己　癸　　1　2　3　1　1

戌　巳　未　酉

+㊏정재 +㊋상관 ㊏편재 -㊎편관

丁운

(4) 丁운

* 木 약화 - 火 강화

丁火는 음화(陰火)이므로, 丙火운보다는 뜨겁거나 크지 않지만, 열기를 보태는 것은 매일반이다. 작다고 해서 결코 무시를 해서는 안 된다. 구신(仇神)이라는 것말고도, 무시할 수 없게 만드는 또 다른 이유가 있다.

명(命)에 있는 火는 丙火·巳火로서 모두 양화(陽火)였다. 인간에 비유하자면 사내들만 있는 것이니, 치우침이 강하여 유연하지 못한 상황이라고 말할 수 있다. 그런 상황에서 음화(陰火), 부드러운, 상냥한, 어여쁜 여자가 왔으니 음양(陰陽)의 조화를 잘 만들어낼 수 있다. 구신(仇神)의 조화이니, 이 시점에서의 조화(調和)는 결코 길(吉)하다는 의미가 아니다. 흉신(凶神)이 구색을 갖추니 흉(凶)함이 완벽해질 수 있다.

목마름의 고통을 겪고 있던 허약한 일주(日主) 乙木은 어여쁜 아가씨가 물통을 건네주자 허겁지겁 물을 마신다. 헌데, 물인 줄 알고 마셨던 것인데, 물통 속에 든 것은 공업용 알코올이었다. 몸 속에 퍼진 알코올 때문에 일주(日主) 乙木은 더욱 갈증(渴症)을 느끼게 되는 것이다. 이처럼, 丁火는 처음엔 제대로 감사하는, 좋은, 사랑하는, 신나는, 희망적인 마음이 들게 하지만, 그 결과는 매우 흉(凶)하게 만드는 운이다.

+㉛상관 -㈭日主 -㈯편재 -㉝편인　㊍ 火 土 金 水
　　　　　　　　　　　　　　　　1 2 3 1 1

丙 乙 己 癸
戌 巳 未 酉

+㈯정재 +㉛상관 -㈯편재 -㊎편관

丁운

丁운

* 木 약화 – 火 강화

아이디어, 염문(艷聞), 괜한 시비다툼 등으로 인해 법적인 시달림을 받을 수 있고, 새로운 문제가 도출되어(火) 막대한 지장을 초래한다. 후배나 부하에게 뒤통수를 맞을 수 있다.

남편이나 자식에게 흉사(凶事)가 있을 수 있고, 심장질환, 시력감퇴, 치아 손상, 수족 손상, 교통사고, 수술 등이 우려된다.

* 土 강화 – 金 약화

재물의 난동(亂動)이 우려된다. 직업이 불안해지고, 명예가 훼손될 수 있다. 진정, 고발(火) 등으로 인한 관재(官災, 火剋金)가 발생하든지 아니면 건강이 악화될 수 있다.

* 水 약화

문서, 계약, 창업, 이사, 전직(水 인성) 등으로 인한 어려움이 있다.

+⑩상관 −⑧日主 −⑩편재 −⑩편인 ⑧ 火 土 金 水
                                        1 2 3 1 1

丙 乙 己 癸
戌 巳 未 酉

+⑩정재 +⑩상관 −⑩편재 −⑩편관

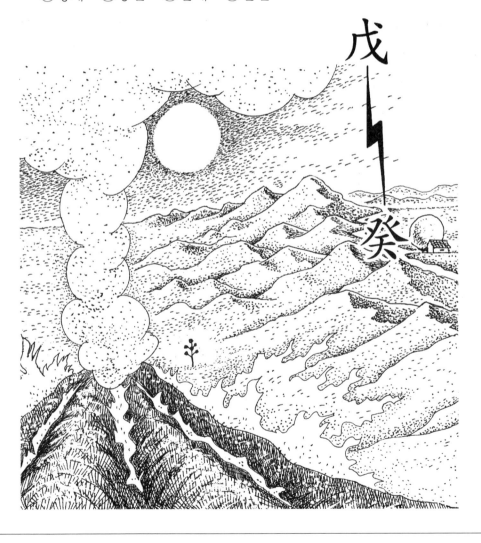

(5) 戊운

* 木 약화 - 火·土 강화(무계합화 戊癸合火)

기신(忌神)인 戊土 재성(財星)이 날아와 연간 癸水와 戊·癸합을 하더니 火 구신(仇神)으로 바뀐다. 火·土 흉신들이 명(命)의 판세를 장악하고 있기 때문에, 앞에서 살펴본 甲·己합의 경우처럼, 이 戊·癸합도 火로 화(化)한다고 볼 수 있다. 구신(仇神)이나 기신(忌神) 모두 흉신(凶神)이므로, 기신(忌神) 戊土가 火로 변했다고 해서 좋아질 것이 없다.

戊·癸합의 진짜 흉(凶)함은 희신 癸水를 火로 변질시켜 버림에 있다. 그렇지 않아도 土 집단의 윽박지름에 한껏 시달리고 있던 癸水였다. 戊土가 날아와 감언이설(甘言利說)로 꼬드기니 癸水가 덜렁 합(合)을 해 버린다. 합(合)을 하는 순간 癸水는 온데 간데 없어지고 기신(忌神) 火가 만들어진다.

오행의 강약을 불문하고, 있는 것과 없는 것에는 차이가 있기 마련이므로, 이처럼 명(命)에 하나밖에 없는 癸水가 증발하게 되면 흉(凶)할 수밖에 없다. 더군다나 희신(喜神)인 水 인성이 변해서 흉신(凶神)인 火가 되었으므로, 그 흉(凶)함은 갑작스럽고 확실한 것이 된다. 水 인성(印星)의 의미와 관련된 쪽에서 흉사(凶事)가 발생할 가능성이 농후해진다. 수명(壽命)의 손상과 급사(急死)의 우려도 있다.

+㉫상관 -㉭日主 -㉯편재 -㉰편인   ㊍ 火 土 金 水
                                    1 2 3 1 1

丙 乙 己 癸
戌 巳 未 酉

+㉯정재 +㉫상관 -㉯편재 -㉱편관

戌운

戊운

* 木 약화 - 火·土 강화(무계합화 戊癸合火)

戊·癸합이 이루어지니 하늘에서 날아온 모래바람이 물을 흡수하여 불씨로 변한다. 온통 불바다가 된다. 허약한 일주(日主) 乙木의 입장에서는 火·土 모두가 버거운 상대이지만, 차라리 土가 대적(對敵)하기 편하다. 목극토(木剋土)라는 마패가 있고, 직접 싸움을 하면 흥분(興奮)으로 인해 온몸의 피가 거꾸로 솟기 때문에 순간적으로라도 강해질 수 있다. 하지만, 火와의 싸움은 다르다. 목생화(木生火)라는 족쇄가 있기 때문에 싸움이 일어나지 않는다. 火를 사랑하기 때문에 火의 요구를 나 몰라라 할 수 없으므로, 火의 꼬드김에 넘어가 분신(焚身)하여 기력을 쇠진하고 만다.

재성(財星)인 戊土와의 합(合)으로 인해 유발된 화재(火災)이니, 재물이나 이성문제로 인한 시비, 구설(口舌)로 법적인 시달림을 받을 수 있다. 부부 불화할 수 있고, 배우자의 건강이 나빠질 수 있다. 자식에게 흉사(凶事)가 있을 수 있고, 심장질환, 시력감퇴, 치아 손상, 수족 손상이 우려된다.

* 金·水 약화

金 참신(讖神)이 녹아내리고, 水 희신(喜神)은 이미 증발해서 자취를 감추고 말았다. 金·水가 의미하는 일들이 불리해지게 된다. 이성문제 등으로 인해 직장이 불안해지고, 불명에 퇴직(退職)할 수 있다. 건강이 악화하거나 명예가 훼손될 수 있다. 진정, 고발(火) 등으로 인한 큰 관재(官災, 火剋金)가 발생할 수 있다.

+㊋상관 -㊍日主 -㊏편재 -㊌편인　㊍　火　土　金　水

丙　乙　己　癸

戌　巳　未　酉

+㊏정재 +㊋상관 -㊏편재 -㊎편관

1　2　3　1　1

己운

(6) 己운

★ 木 약화 - 土 강화

土 재성(財星), 모래바람이 하늘을 뒤덮어 암흑천지(暗黑天地)가 된다. 허약한 일주(日主) 乙木은 상모(相侮)를 당해 더욱 약해진다. 고집이 강해지고 흉사(凶事)가 연발한다. 경제적인 면이 극히 불량해진다. 위기의 운(運)이 될 수 있으니 매사에 주의를 해야 한다. 부부(夫婦)를 비롯한 가족의 불화가 우려되고 위장병, 천식, 호흡기 질환, 시력 감퇴 등의 질환이 발생할 수 있다.

★ 火 약화 - 金 강화 ?

불어난 土가 火의 분출구(噴出口)를 막기 때문에 압력(壓力)은 더욱 가중된다. 몽매(蒙昧)함이 있어 사리 분별력이 떨어진다. 잘못된 결정을 할 수 있다. 스트레스가 쌓이게 되고, 건강도 해칠 수 있다. 土는 金을 더욱 깊이 매몰시키니 자식에 대해 신경 쓸 일, 답답한 일이 생긴다.

★ 水 약화

희신(喜神)의 기세가 극히 약화되니 문서, 계약, 창업, 이사, 전직(水 인성) 등으로 인한 애로(隘路)가 발생하고, 억울한 일을 당해 법정에 설 수도 있다.

+⊛상관 －⊛日主 －⊕편재 －⊛편인　　⊛　火　土　金　水
　　　　　　　　　　　　　　　　　　　1　2　3　1　1
丙　乙　己　癸
戌　巳　未　酉
+⊕정재 +⊛상관 －⊕편재 －⊛편관

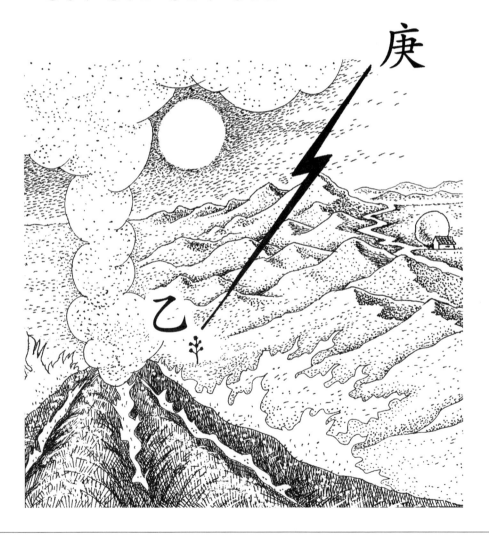

(7) 庚운

* 木 약화 – 金 강화(을경합금 乙庚合金)

庚金이 날아와 일주(日主) 乙木과 乙·庚합을 한다.

金은 해결사 참신(讖神)이었다. 참신이 일주(日主) 한신(閑神)과 합(合)을 하여 함께 참신(讖神)이 되었지만, 명(命)은 火·土가 판세를 장악한 상황이므로 합(合)에 따른 화(化)까지는 이루어지지 않는다.

일주(日主) 乙木이 합(合)을 하기 때문에, 火를 생산하는 木의 한신(閑神) 역할이 많이 감소한다. 그러나 오행은 자신의 본질을 버리지 않기 때문에 일주(日主)가 합을 하여 金으로 변한다고 해도 木의 기질은 남아 있게 된다.

당초, 일주(日主)는 연지 酉金의 금극목(金剋木) 작용을 두렵게 생각했었지만, 월주 己未의 방어벽을 믿고 酉金을 참신(讖神)으로 임명했었다. 하지만, 운(運)에서 날아와 직접 일주(日主)와 합을 하는 庚金의 날카로움에 대해서는 방어수단이 없다. 庚金이 나무의 자태(姿態)를 바르게 하기 위해서 가지치기 전정작업(剪定作業)을 한다고는 하지만, 가지가 잘려나가는 乙木의 입장에서는 아픔이 있게 된다. 억울한 형사문제에 엮일 수 있고, 교통사고나 나뭇가지를 닮은 손가락, 발가락과 치아의 손상이 발생할 가능성이 매우 많은 운이 된다.

+㊋상관 -㊍日主 -㊏편재 -㊌편인   ㊍ 火 土 金 水
                                    1 2 3 1 1

丙 乙 己 癸
戌 巳 未 酉

+㊏정재 +㊋상관 -㊏편재 -㊎편관

庚운

庚운

* 木 약화 - 金 강화 (을경합금 乙庚合金)

庚金이 토생금(土生金)을 유도하여, 흉한 土 기신(忌神)집단의 기세를 약화시키니 발전이 있게 된다. 흙먼지가 걷히고 사막(沙漠)이 줄어든다. 일주(日主) 乙木이 庚金에 달라붙어 합(合)을 하는 형국이니 통사정이나 애걸복걸하는 꼴이라서 수고로움이 작지 않지만, 바라던 바가 어느 정도 이루어져 명예를 얻을 수 있다. 남자는 자식(金), 여자는 남편으로 인한 경사가 있다.

* 火 약화 - 土 약화

화극금(火剋金), 토생금(土生金)으로 인해 흉신 火·土의 기력이 약간 소모된다. 운세의 순리적인 면이 강화되어 발전을 이룩한다. 직장이나 명예를 얻기 위해서 재화(財貨)를 지출하지만, 그 쓰임새는 바람직한 것이 된다. 가족의 돈독한 화합(和合)이 있다.

* 水 강화

희신 水의 기세가 좋아지니 문서, 계약, 창업, 이사, 전직(水 인성) 등에 유리함이 있다. 욕심을 부리지 않고 순리에 따른다면 반드시 길(吉)함이 있다.

+⊛상관 -⊛日主 -⊕편재 -⊛편인　⊛　火　土　金　水
1　2　3　1　1

丙 乙 己 癸
戌 巳 未 酉

+⊕정재 +⊛상관 -⊕편재 -⊛편관

(8) 辛운

* 木·水 강화 - 火 약화(병신합수 丙辛合水)

辛金이 날아와 시간 丙火와 丙·辛합을 한다.

金은 해결사 참신(讖神)이었다. 참신이 시간 丙火 구신(仇神)과 합(合)을 하여 함께 희신(喜神)이 되었지만, 명(命)은 火·土가 판세를 장악한 상황이므로 합(合)에 따른 화(化)까지는 이루어지지 않는다. 그러나 천간에 있는 구신(仇神) 丙火를 희신(喜神) 水로 변질시킨 작용은 그 효과가 크다. 황사(黃砂)현상으로 인해 곤욕을 치르고 있는 상황에서 소나기를 만난 격이기 때문이다.

소나기가 내리니 흙먼지가 가라앉고 대지의 열기(熱氣)가 줄어든다. 빗물이 모여 넘쳐나도록 계곡을 채우니 새로운 물길이 만들어진다. 마침내 乙木에게도 감로수(甘露水)를 공급하니 갈증이 해소되고 발전을 이룩한다. 이 辛운처럼 합(合)을 이용하여 구신(仇神)을 희신(喜神)으로 바꾸는 운(運)이 명실상부한 길운(吉運)이라고 말할 수 있다.

하지만, 庚金운의 경우와 마찬가지로 운(運)에서 날아온 辛金의 날카로움에 대해서는 방어수단이 없으므로 주의해야 한다. 그래도 庚金은 정관(正官)이니 어느 정도 유정(有情)하지만, 辛金은 편관(偏官)이라서 무정(無情)하고 살벌하다는 점을 간과할 수 없으니 신체의 손상과 관재구설이 지극히 두렵다.

+⊛상관 -⊛日主 -⊕편재 -㊌편인 ⊛ 火 土 金 水

丙 乙 己 癸 1 2 3 1 1

戌 巳 未 酉

+⊕정재 +⊛상관 -⊕편재 -㊎편관

辛운

辛운

* 木·金·水 강화(병신합수 丙辛合水)

참신, 희신(喜神)운이 되는 辛운은 절대로 놓쳐서는 안 되는 좋은 운(運)이다. 辛金이 丙火와 합(合)하여 水를 만들어내는 한편으로 토생금(土生金)을 유도하여, 흉한 土 집단의 기세를 약화시키니 일주(日主)가 당당한 자태를 회복하고 명예를 얻게 된다.

남자는 자식(金), 여자는 남편으로 인한 경사가 있다. 금극목(金剋木)의 아픔으로 인해 잔병치레를 할 수 있고 수족(手足)의 손상, 교통사고 우려가 있으니 안전에는 주의를 기울여야 한다.

희신 水의 기세가 좋아지니 문서, 계약, 창업, 이사, 전직(水 인성) 등에 반드시 길(吉)함이 있다.

* 火 약화 - 土 약화

丙火의 몰락으로 인해 소나기가 내리고, 소나기가 대지를 충분히 적시니 흉신 火·土의 기력이 약화된다. 운세의 순리적인 면이 강화되어 발전을 이룩한다. 큰 발전을 기대할 수 있는 운이다. 가족의 돈독한 화합(和合)이 있으나 호사다마(好事多魔)이니 갑작스러운 충돌사고와 법적인 사건이 발생할 수 있다.

+⊛상관 -⊛日主 -⊕편재 -㊌편인　⊛　火　土　金　水

丙 乙 己 癸　　1　2　3　1　1

戌 巳 未 酉

+⊕정재 +⊛상관 -⊕편재 -㊎편관

壬운

(9) 壬운

* 木 강화 - 水 강화

수로(水路)에 물이 가득 차 넘치니 사막에 물길이 생긴다. 목마른 초목(草木)에 감로수를 공급하니 길한 운(運)이 된다. 수생목(水生木)하는 희신 水의 지원이 아름답다. 귀인의 도움으로 일주(日主)가 천군만마(千軍萬馬)를 얻으니 기세가 크게 회복된다. 취직이나 승진 문서를 받을 수 있고, 계약, 창업, 이사, 전직(水 인성) 등의 일로 크게, 저절로 발전한다.

그러나, 호사다마(好事多魔)한다는 점에 주의해야 한다. 기신(忌神)인 土 집단이 水를 호시탐탐 노리고 있기 때문이다. 어머니나 문서 등 水가 의미하는 일에서 의외의 분란이나 갑작스러운 문제점이 발생할 수 있으니 믿는 도끼라 할지라도 신중하게 다룰 필요가 있다.

* 火 약화 - 土 약화

단비가 내려 열기(熱氣)를 식히고, 흙먼지를 거두니 시야가 쾌청해진다. 옳은 생각들이 머릿속에 가득하다. 가족이 화목하고 모든 시비 다툼이 잦아든다. 경제적인 면도 회복된다.

* 金 약화 ?

직장, 자식, 남편으로 인해 기쁨을 얻는다.

+㊋상관 -㊍日主 -㊏편재 -㊌편인　　㊍　火　土　金　水
丙　乙　己　癸　　1　2　3　1　1
戌　巳　未　酉
+㊏정재 +㊋상관 -㊏편재 -㊎편관

癸운

(10) 癸운

* 木 강화 - 水 강화

목마른 초목(草木)에 감로수를 공급하니 길한 운(運)이 된다. 수생목(水生木)하는 희신 水의 지원이 아름답다. 귀인이 도우니 일주(日主)가 기세를 회복한다. 어느 정도의 성취(成就)를 이룰 수 있으니 취직이나 승진 문서를 받을 수 있고, 계약, 창업, 이사, 전직(水 인성) 등의 일에 발전이 있다.

癸水 역시 미약하므로 특히 호사다마(好事多魔)한다는 점에 주의해야 한다. 기신(忌神)인 土 집단의 공격을 받으면 크게 손상될 수 있다. 항상 손재(損財) 귀신이 호시탐탐 노리고 있다는 점을 염두에 두고 신중하게 처신할 필요가 있다. 어머나나 문서 등 水가 의미하는 일에서 의외의 분란이나 문제점이 발생할 수 있으니 주의가 필요하다.

* 火 약화 - 土 약화

이슬이 내려 열기(熱氣)를 식히고 흙먼지를 거두니, 시야가 조금은 쾌청해진다. 사리분별이 정확해지지만 욕심을 부리면 모든 게 허사(虛事)가 될 수 있다. 시비 다툼이 잦아들고 경제적인 면도 어느 정도는 회복된다.

* 金 약화 ?

직장, 자식, 남편으로 인해 기쁨을 얻는다.

+㊋상관 -㊍日主 -㊏편재 -㊌편인　　㊍　火　土　金　水
　　　　　　　　　　　　　　　　　　　1　2　3　1　1
丙　乙　己　癸
戌　巳　未　酉
+㊏정재 +㊋상관 -㊏편재 -㊎편관

子운

(11) 子운

* 木 강화 - 水 강화

생수(生水)가 터져 나와 목마른 초목(草木)에 감로수를 공급하니 길한 운(運)이 된다. 수생목(水生木)하는 희신 水의 지원이 아름답다. 귀인이 도우니 일주(日主)가 기세를 회복한다. 어느 정도의 성취(成就)를 이룰 수 있으니 취직이나 승진 문서를 받을 수 있고, 계약, 창업, 이사, 전직(水 인성) 등의 일에 발전이 있다.

火·土의 흡습작용(吸濕作用)이 극심한 명(命)이므로 水운의 길함 뒤에 따라오는 호사다마(好事多魔)를 항상 염두에 둬야 한다. 기신(忌神)인 土가 가장 쉽게 여기고 노리는 것은 水이기 때문이다. 항상 손재(損財) 귀신을 조심하라. 水가 의미하는 일에서 의외의 분란이나 문제점이 발생할 수 있으니 신중하게 처신할 필요가 있다.

* 火 약화 - 土 약화

이슬이 내려 열기(熱氣)를 식히고, 흙먼지를 거두니 시야가 조금은 쾌청해진다. 사리분별이 명확해지지만 욕심을 부리면 모든 게 허사(虛事)가 될 수 있다. 시비 다툼이 잦아들고 경제적인 면도 어느 정도는 회복된다.

* 水 강화

문서, 계약, 창업, 이사, 전직(水 인성) 등에 유리함이 있다. 그러나 욕심은 부리지 마라.

+㊋상관　-㊍日主　-㊏편재　-㊖편인　　㊍　火　土　金　水
丙　乙　己　癸　　1　2　3　1　1
戌　巳　未　酉
+㊏정재　+㊋상관　-㊏편재　-㊎편관

(12) 丑운

* 丑·未 충(冲)

丑土가 날아와 기신(忌神) 未土와 충돌을 한다. 본시 土는 흉신(凶神)이기 때문에 丑土이건 未土이건 반갑지 않은데, 흉신들이 충돌을 하고 싸움을 벌이니 고래싸움에 새우 등 터질까 두렵다. 괜한 욕심(재성 財星) 때문에 진흙탕 속에 빠져 손재(損財)할 수 있으니 욕심을 부리면 안 되는 운이다.

* 巳·酉·丑 삼합(→ 金)

丑운은 丑·未충을 하는 한편으로 연지 酉, 일지 巳를 엮어 巳·酉·丑 삼합(三合)을 이룬다. 기신(忌神)인 丑土가 날아와 또 다른 기신(忌神)인 일지 巳火를 삼합(三合) 속으로 끌어들여 일거에 참신(讖神)으로 바꾼 점은 대단히 길한 작용이라고 말할 수 있다. 지상(地上)에 있는 불이 꺼지는 것으로 볼 수 있기 때문이다. 화산(火山)이 활동을 멈추니 하늘까지 덮었던 흙먼지가 사라지고 시야가 쾌청해진다.

불만과 스트레스가 해소되고, 배우자로 인한 경사(慶事)를 기대할 수 있다. 하지만, 金에게는 항상 양면성이 있어 이로움과 함께 날카로움과 아픔이 따르는 법이니 교통사고, 수술 등의 우려는 있다.

+⑭상관 -㊍日主 -㊏편재 -㊌편인   ㊍ 火 土 金 水
                                  1 2 3 1 1

丙 乙 己 癸
戌 巳 未 酉

+㊏정재 +⑭상관 -㊏편재 -㊎편관

축운

丑운

* 木 약화 - 金 강화(巳·酉·丑합 → 金)

丑土가 기신(忌神) 巳火까지 꼬드겨 金으로 변하니 연지 酉金의 기세가 강화 된다. 토생금(土生金)을 도모하여, 흉한 土 기신(忌神)집단의 기세를 약화시키니 일주(日主)가 조심스레 자태를 회복할 수 있게 된다. 화산(火山)이 분출을 멈추고 흙먼지가 걷힌다. 수고로움이 작지 않지만, 바라던 바가 어느 정도 이루어져 명예를 얻을 수 있다. 남자는 자식(金), 여자는 남편으로 인한 경사가 있다.

* 火 약화 - 土 약화(丑·未 충)

巳火의 변질(巳·酉·丑합)로 화세(火勢)가 약화되고, 강화된 金이 유발하는 토생금(土生金) 작용과 丑·未충으로 인해 土의 기력이 약화된다. 흉신(凶神)들이 힘을 잃으니 운세의 순리적인 면이 부각되지만, 힘있는 흉신들은 곱게 물러나지 않는다. 재물(財物)의 갑작스러운 지출이나 손실, 재산 싸움이 우려되므로 신중하게 처신할 필요가 있다.

* 水 약화

문서, 계약, 창업, 이사, 전직(水 인성) 등에 막힘이 있다. 욕심을 부리지 않고 순리에 따라야 한다.

+⑩상관 -⑧日主 -⑩편재 -⑩편인 　㊍ 火 土 金 水

丙 乙 己 癸 　1 2 3 1 1 1

戌 巳 未 酉

+⑩정재 +⑩상관 -⑩편재 -⑩편관

寅운

(13) 寅운

* 木 강화 - 火 강화

寅木 형제가 다가와 일주(日主) 乙木의 기력을 증가시켜준다. 하지만 寅木은 원래 구신(仇神)인 火를 생산하는 한신(閑神)이었기 때문에 조심할 점이 있는 형제이다. 寅은 시지 戌土와 寅·午·戌 삼합을 시도하여 구신(仇神) 火를 생산코자 하지만 午가 없어 뜻을 이루지 못한다. 그렇더라도 火의 기세가 올라가는 분위기는 조성된다.

빨리 실속을 챙기는 속전속결(速戰速決)이 필요하다. 욕심은 금물(禁物)이다. 괜한 시비다툼으로 인해 법적인 시달림을 받고, 새로운 문제가 도출되어 (火) 막힘이 생긴다. 소화기 질환, 시력감퇴, 치아 손상, 수족 손상이 우려된다.

* 土·金·水 약화

寅木으로 인해 목극토(木剋土), 금극목(金剋木), 수생목(水生木) 현상이 발생하니 土·金·水의 기운이 약화된다. 그 틈에 일주 乙木은 자존심을 내세우고 기세를 부리지만 土의 상모(相侮)로 인해 손재(損財)할 가능성이 많다.

색정문제, 부부 불화, 수족의 손상, 퇴직(退職), 건강 악화의 우려가 있고, 후원이 중도에서 끊길 수 있으니 계약, 창업, 전직 등은 신중히 하라.

+ⓕ상관 -ⓜ日主 -ⓣ편재 -ⓦ편인 ⓜ 火 土 金 水
                                       1 2 3 1 1

丙 乙 己 癸
戌 巳 未 酉

+ⓣ정재 +ⓕ상관 -ⓣ편재 -ⓖ편관

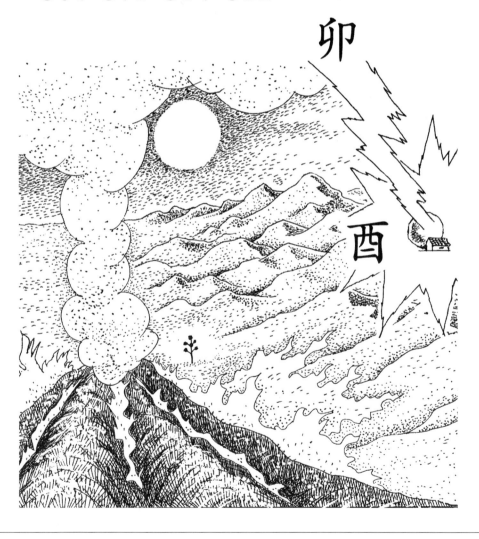

卯

酉

(14) 卯운

* 卯 · 酉 충(沖)

卯木이 날아와 참신(讖神) 酉金과 충돌을 한다. 본시 金은 길신(吉神)이기 때문에 충(沖)으로 인한 파괴는 결코 반갑지 않다. 한신(閑神)이 날아와 참신(讖神)과 싸움을 벌이니 수명(壽命)이 위태로워진다. 건강이 나빠지거나 수족(手足)의 손상이 우려된다.

* 卯 · 未 반합(→ 木)

卯木은 월지 未土와 (亥) · 卯 · 未로 합하여 木을 생산한다. 기신(忌神) 未土의 변질은 반갑지만 한신(閑神)인 木으로 변하기 때문에 몽땅 바람직한 것은 아니다. 돈(財星 재성)과 자존심, 욕심(比劫 비겁)의 만남이기 때문이다. 금전문제나 자존심 때문에 퇴직을 할 수 있다. 분수를 지켜야 할 운이다.

* 卯 · 戌합(→ 火)

卯木은 시지 戌土와 卯 · 戌로 합하여 火를 생산한다. 기신(忌神) 戌土의 변질은 반갑지만 구신(仇神)인 火로 변하기 때문에 결코 바람직하지 않다. 성급한 선택을 하여 후회할 수 있고, 시비 다툼으로 퇴직을 할 수 있으니 인내(忍耐)가 필요한 운이 된다.

+⊗상관 -⊗日主 -⊕편재 -⊛편인 ⊗ 火 土 金 水
　　　　　　　　　　　　　　　　　1 2 3 1 1

丙 乙 己 癸
戌 巳 未 酉

+⊕정재 +⊗상관 -⊕편재 -⊗편관

卯운

卯운

* 木 강화(卯未합 → 木)   * 火 강화(卯戌합 → 火)

한신(閑神)인 卯木이 날아와 쌍합(雙合)을 하여, 한신(閑神), 구신(仇神)으로 변질되었다. 최대 흉신 戌土 기신(忌神)을 火로 바꾸기는 했지만, 이는 결코 칭찬 받을 일이 아니다. 火가 기신(忌神) 土보다도 더 흉(凶)하다. 일주(日主) 乙木은 목생화(木生火)라는 상생의 족쇄가 있어 火의 꼬드김을 거부하지 않고 제 몸을 불태우기 때문이다.

비견(比肩)인 卯木의 합(合)으로 인해 유발된 화재(火災)이니, 욕심이나 자존심으로 인해 손재(損財)할 수 있고, 시비, 구설(口舌)로 인해 법적인 시달림을 받을 수 있다. 부부 불화할 수 있고, 배우자의 건강이 나빠질 수 있다. 자식에게 흉사(凶事)가 있을 수 있고, 심장질환, 시력감퇴, 치아 손상, 수족 손상이 우려된다.

* 土 약화(卯未합 → 木)   * 金·水 약화

卯에게 월지 未土를 빼앗긴 土 집단이 약화되고, 여기저기에 불씨가 떨어져 불바다가 되니 불에 취약한 金 참신(讒神)이 녹아내리며, 水 희신(喜神)이 증발한다. 金·水가 의미하는 일들이 불리해지게 된다.

쌍합(雙合)이 이루어지는 관계로 일에 두서(頭緖)가 없어 혼란스러워지게 된다. 직장이 불안하고, 명예가 훼손될 수 있다. 진정, 고발(火) 등으로 인한 큰 관재(官災, 火尅金)가 발생할 수 있다.

+⊛상관　-⊛日主　-⊕편재　-⊛편인　　⊛　火　土　金　水
　　　　　　　　　　　　　　　　　1　2　3　1　1
丙　乙　己　癸
戌　巳　未　酉

+⊕정재　+⊛상관　-⊕편재　-⊛편관

(15) 辰운

* 辰·戌 충(沖)

기신(忌神)인 辰土가 날아와 기신(忌神) 戌土와 충돌을 한다. 본시 土는 흉신(凶神)이기 때문에 결코 반갑지 않은데, 조선(朝鮮)에서 치르는 청일전쟁(淸日戰爭)처럼 흉신들끼리 남의 땅에서 싸움을 벌이니 득(得)은 없고 실(失)만 있다.

재성(財星)들의 싸움이니 기둥부리가 흔들거린다. 戌土 지각(地殼)이 깨지니 그 속에 감춰져 있던 온갖 쓰레기가 세상 밖으로 노출된다. 비밀(秘密)이나 치부(恥部)가 폭로될 수 있고, 부부 이별할 수 있다. 스트레스는 어느 정도 해소되지만 피부병, 위장병 등이 우려된다.

* 辰·酉합(→ 金)

기신(忌神) 집단인 辰土가 날아와 참신(讖神) 酉金과 합(合)을 하여 참신(讖神) 金을 생산한다. 기신(忌神) 土의 변질이 반갑다. 흉(凶)한 충(沖)과 길(吉)한 합(合)이 혼잡(混雜)되어 일어나니 길흉(吉凶)을 분간하기 어려운 운(運)이 된다. 현명하게 처신하면 작은 명예는 얻을 수 있으나 안전에 유의해야 한다.

+㊋상관　-㊍日主　-㊏편재　-㉖편인　　㊍　火　土　金　水
丙　乙　己　癸　　　　　1　2　3　1　1
戌　巳　未　酉
+㊏정재　+㊋상관　-㊏편재　-㊎편관

辰운

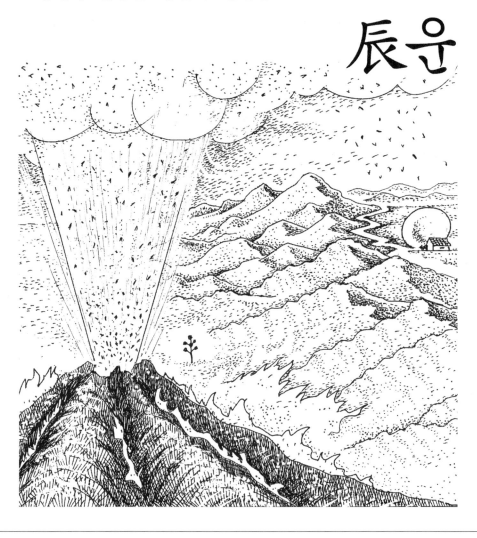

辰운

* 木 약화 - 金 강화(辰·酉합 → 金)

기신(忌神) 辰土가 참신(讖神) 金으로 변하니 연지 酉金의 기세가 강화된다. 토생금(土生金)을 유도하여, 흉한 土 기신(忌神)집단의 기세를 약화시키니 일주(日主)가 조심스레 자태를 회복할 수 있게 된다. 수고로움이 작지 않지만, 현명하게 처신하면 어느 정도의 뜻을 이룬다. 명예, 직장의 발전이 있고, 남자는 자식(金), 여자는 남편으로 인한 경사가 있다.

* 火 약화 - 土 약화(辰·戌 충)

기신(忌神) 집단인 土의 내부에서 지진이 발생하고 자중지란(自中之亂)이 일어나니 천지에 흙먼지가 가득하다. 재물의 다툼이 우려되고, 그 결과는 흉(凶)하다. 화생토(火生土), 辰·戌충으로 인해 火·土 흉신(凶神)들이 힘을 잃으니 운세의 순리적인 면이 부각되지만, 힘있는 흉신들은 곱게 물러나지 않는다. 재물(財物)의 갑작스럽고 큰 지출이나 손실이 우려되므로 신중하게 처신할 필요가 있다. 사리 분별력이 떨어질 수 있고, 시력감퇴, 천식, 호흡기 질환 등이 우려된다. 자식으로 인한 작은 경사가 있다.

* 水 약화

문서, 계약, 창업, 이사, 전직 등에 신중하지 않으면 도리어 분란(紛亂)이 발생할 수 있다.

+⊗상관 −⊗日主 −⊗편재 −⊗편인　　⊗　火　土　金　水
　　　　　　　　　　　　　　　　　　　1　2　3　1　1

丙 乙 己 癸
戌 巳 未 酉

+⊗정재　+⊗상관　−⊗편재　−⊗편관

巳운

(16) 巳운

* 木 약화 - 金 강화(巳·酉합 → 金)

구신(仇神) 巳火가 酉金과 巳·酉·(丑) 반합을 하여 金으로 변하니 연지 酉金의 기세가 강화된다. 토생금(土生金)을 도모하여, 흉한 土 기신(忌神)집단의 기세를 약화시키니 일주(日主)가 조심스레 자태를 회복할 수 있게 된다. 수고로움이 작지 않지만, 현명하게 처신하면 어느 정도의 뜻을 이룬다. 명예, 직장의 발전이 있고, 자식과 남편으로 인한 경사가 있다.

* 火·土 강화

날아온 巳는 본시 火이고, 월지 未와 巳·午·未 방합을 시도하기 때문에 은근히 화세(火勢)가 커진다. 화생토(火生土)가 이루어지므로 土 역시 강화된다. 火·土 흉신(凶神)들이 힘을 잃지 않고 암중모색(暗中摸索)하고 있으니 섣불리 투자(投資)를 했다가는 손해를 볼 수 있다. 재물(財物)이 솔솔 소리 없이 빠져나갈 수 있다. 시력감퇴, 혈압이상 등이 우려된다.

* 水 약화

巳·酉합의 영향을 기대할 수는 없다. 문서, 계약, 창업, 이사, 전직 등에 신중하지 않으면 도리어 분란(紛亂)이 발생할 수 있다.

+⑯상관 -⑯日主 -⑯편재 -⑯편인 ㈭ 火 土 金 水

丙 乙 己 癸 1 2 3 1 1

戌 巳 未 酉

+⑯정재 +⑯상관 -⑯편재 -⑯편관

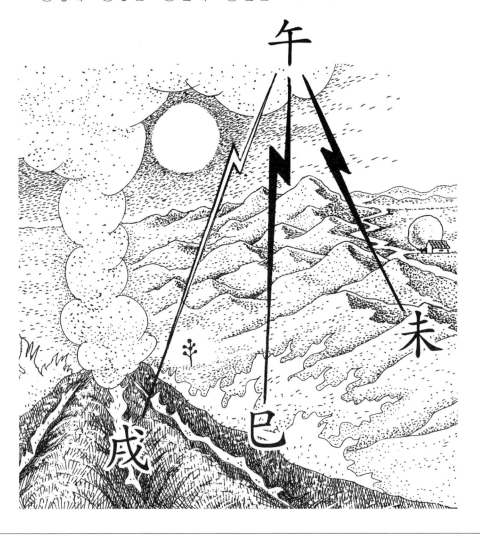

(17) 午운

* 木 약화 - 火 강화(巳·午·未 방합 → 火, 午·戌합 → 火)

명(命)에 있는 일지 巳와 월지 未는 사정(四正)인 午가 없어서 巳·午·未 방합을 이루지 못하고 있었다. 드디어 운(運)에서 午가 날아오자 고대하고 또 고대하던 巳·午·未 방합을 이룬다.

시지 戌土 역시 午火를 만나자 (寅)·午·戌 반합을 이루니 사주 판세가 일거에 불바다로 변한다. 火운은 기신(忌神) 土운보다도 더 흉(凶)한 운이라고 했었다. 대형 화재가 발생하게 되는데, 그 참혹함이란 이루 말로 다할 수 없을 정도이다.

쌍합(雙合)의 합동작전으로 이루어진 화재(火災)라서 진화(鎭火)하기도 쉽지 않다. 하늘로 날아오른 모래는 불씨로 변해 천지를 불바다로 만든다. 목생화(木生火)라는 족쇄를 차고 있는 일주(日主) 乙木은 멸기(滅氣)가 될 정도로 연소(燃燒)하게 되니 최악의 운(運)이라고 말할 수 있다.

재산을 일거에 탕진할 수 있고, 교통사고나 질병으로 수명(壽命)을 급작스럽게 손상(損傷) 당할 수 있으니 안전관리에 유의해야 한다. 아버지나 배우자, 자식으로 인한 부담이 생길 수 있고, 구속, 납치, 파직(罷職)을 당할 수도 있다.

+⑫상관 -⑥日主 -⑤편재 -⑪편인 ⑥ 火 土 金 水
　　　　　　　　　　　　　　　　　1 2 3 1 1

丙 乙 己 癸
戌 巳 未 酉

+⑤정재 +⑫상관 -⑤편재 -⑮편관

午운

午운

＊ 土 약화

午에게 戌土와 未土를 빼앗겼으니 기신(忌神) 土 집단의 세력이 약화되는 건 분명하다. 하지만, 火는 土를 생산하는 오행이기 때문에, 土는 火에게 고금리(高金利)의 이자를 받기로 하고 戌·未土를 잠시 대출(貸出)해준 것이나 진배없다. 치열(熾熱)한 火는 흙이건 모래이건 가리지 않고 모두 태우므로 土 역시 균열되는 피해가 발생하게 된다. 재물의 손실과 위장병, 혈압, 스트레스, 정신이상, 월경불순의 우려가 있다.

＊ 金 약화

천지를 뒤덮는 화재(火災)로 인해 민감하게 피해를 보는 건 酉金이다. 화극금(火剋金)이 발생하기 때문이다. 건강이나 직장, 명예에 감당하기 힘든 불상사(不祥事)가 발생할 수 있다.

＊ 水 약화

대형 화재(火災)가 발생하면 피해를 당하지 않을 오행이 없다. 수분(水分)이 고갈되어 희신 水의 기세가 극히 약화되니 문서, 계약, 창업, 이사, 전직(水 인성) 등으로 인한 큰 애로(隘路)가 발생하고, 법정에도 설 수 있다.

+㉋火상관 -㉱木日主 -㉣土편재 -㉯水편인　　㉱木　火　土　金　水

丙　乙　己　癸　　　1　2　3　1　1

戌　巳　未　酉

+㉣土정재 +㉋火상관 -㉣土편재 -㉠金편관

未운

(18) 未운

* 木 약화 - 土 강화

未土 재성(財星), 모래바람이 하늘을 뒤덮고, 준령(峻嶺)이 더욱 높아진다. 허약한 일주(日主) 乙木은 상모(相侮)를 당한다. 쓸데없는 고집이 강해지고 경제적인 면이 극히 불량해진다. 기신(忌神)의 운(運)이니 매사에 주의를 해야 한다. 부부(夫婦)를 비롯한 가족의 불화가 우려되고 위장병, 천식, 호흡기 질환, 시력 감퇴 등의 질환이 발생할 수 있다.

* 火 보합 - 金 강화?

불어난 土가 火의 분출구(噴出口)를 막기 때문에 스트레스가 가중된다. 몽매(蒙昧)함이 있어 사리 분별력이 떨어진다. 잘못된 결정을 할 수 있고, 건강도 해칠 수 있다. 일지 巳와 巳·(午)·未 방합을 시도하므로 화세(火勢)가 보존된다. 未土의 토생금(土生金)은 金을 더욱 깊이 매장하는 성토(盛土)작업이니 자식에 대해 신경 쓸 일, 답답한 일이 생긴다.

* 水 약화

희신(喜神)의 기세가 극히 약화되니 문서, 계약, 창업, 이사, 전직 등으로 인한 애로(隘路)가 발생하고, 법정에도 설 수 있다.

+⊕상관 -⊕日主 -⊕편재 -⊛편인 ⊛ 火 土 金 水
                                    1 2 3 1 1

丙 乙 己 癸
戌 巳 未 酉

+⊕정재 +⊕상관 -⊕편재 -⊛편관

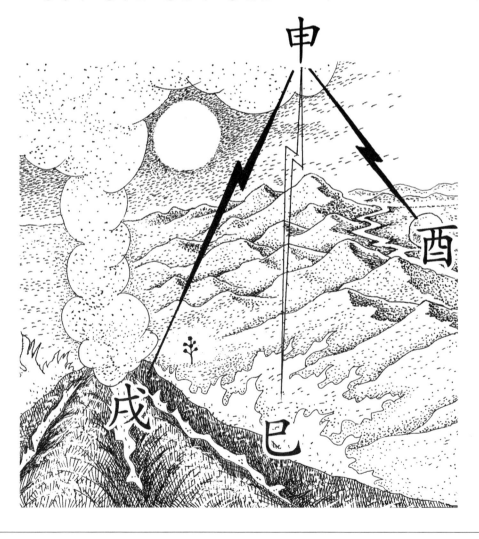

(19) 申운

* 申·酉·戌 **방합** → 金

참신(讖神) 申金이 날아오니 반가운데, 연지 酉金과 시지 戌土를 붙들고 申·酉·戌 방합을 이뤄 金 기운을 강화시켜주니 더더욱 반갑다. 기신(忌神) 戌土를 참신(讖神)으로 변화시킨 점은 매우 길한 작용이라고 말할 수 있다. 시지에 있는 戌土가 합(合)으로 인해 金으로 바뀌니 화산(火山)이 활동을 멈추고, 하늘까지 덮었던 흙먼지가 사라진다.

시야가 쾌청해지니 불만과 스트레스가 해소되어 마음까지도 명랑해진다. 배우자나 자식으로 인한 경사(慶事)를 기대할 수 있다. 하지만, 金에게는 항상 날카로움과 아픔이 따르는 법이니 갑작스러운 교통사고, 수술 등의 우려는 있다.

* 巳·申합 → 水

申金이 날아와 일지 巳火와 巳·申합을 한다. 쌍합(雙合)이 이루어지는 것이다. 申·酉·戌 방합이 보조를 맞춰주는 상황이므로 巳·申합의 효과가 백분 발휘된다. 화산(火山)이 멈춘 상황에서 소나기를 만난 격이 된다.

소나기가 내리니 흙먼지가 가라앉고 대지의 열기(熱氣)가 줄어든다. 빗물이 모여 새로운 연못을 만들고, 마침내 乙木에게 감로수(甘露水)를 공급하니 갈증이 해소되고 발전을 이룩한다.

+㊋상관 -㊍日主 -㊏편재 -㊌편인　㊍　火　土　金　水
　　　　　　　　　　　　　　　　　1　2　3　1　1

丙　乙　己　癸
戌　巳　未　酉

+㊏정재 +㊋상관 -㊏편재 -㊎편관

申운

申운

* 木·金·水 강화(申·酉·戌 방합 → 金, 巳·申 합 → 水)

참신(讖神), 희신(喜神)운이 되는 申운은 좋은 기회를 제공한다. 흉신 戌土·巳火를 붙잡아서 희신인 金·水를 만들어내는 한편으로 토생금(土生金)을 유도하여, 흉한 土 집단의 기세를 약화시키니, 일주(日主)가 당당한 자태를 회복하고 명예를 얻게 된다. 오랫동안 품어 왔던 뜻을 이룰 수 있다.

그러나, 기아(飢餓)에 허덕이던 사람이 갑자기 많은 음식을 먹으면 도리어 배탈이 나듯이, 갑자기 맞이한 호운(好運)에 욕심을 부리면 도리어 낭패를 볼 수 있다. 기회(機會)를 제대로 활용할 수 있는 준비(準備)가 안 되어 있기 때문이다. 운(運)이 좋다고 해도 준비가 되어 있지 않으면 성취하기 어렵다. 모든 게 과유불급(過猶不及)이다. 자신의 분수에 맞게 욕심을 부려야 성취함이 있다.

남자는 자식(金), 여자는 남편으로 인한 경사가 있다. 금극목(金剋木)의 아픔으로 인해 잔병치레를 할 수 있고 수족(手足)의 손상, 교통사고 우려가 있으니 건강관리와 안전에는 주의를 기울여야 한다. 水의 기세가 좋아지니 문서, 계약, 창업, 이사, 전직(水 인성) 등에 길(吉)함이 있다.

* 火 약화 - 土 약화

화산(火山)을 이루고 있던 戌土·巳火의 몰락으로 인해 화산활동이 멈추고 소나기가 내려 대지를 적시니 흉신 火·土의 기세가 약화된다. 일주(日主)가 발전할 수는 있지만, 명(命)에 있는 3개의 지지가 한꺼번에 합(合)에 휩싸이므로 혼란스러움이 있다. 사기(詐欺), 애정문제, 시비구설, 갑작스러운 충돌이 발생할 수 있다.

+⊛상관 -⊛日主 -⊛편재 -⊛편인 　⊛　火　土　金　水

　　　　　　　　　　　　　　　1　2　3　1　1

丙　乙　己　癸

戌　巳　未　酉

+⊛정재 +⊛상관 -⊛편재 -⊛편관

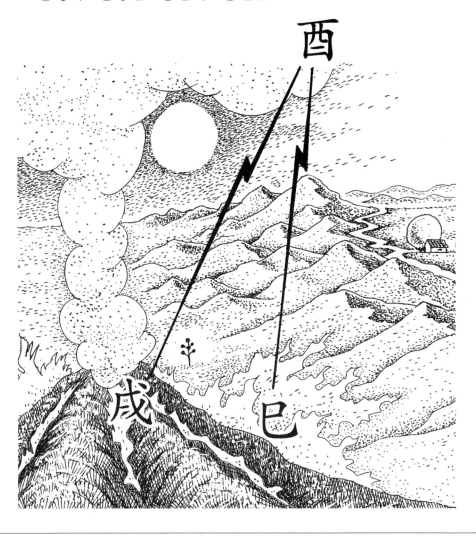

(20) 酉운

* (申)·酉·戌 **방합** → 金

참신(讖神) 酉金이 날아오니 반가운데, 시지 戌土와 (申)·酉·戌 반합을 이뤄 金 기운을 강화시켜주니 더더욱 반갑다. 기신(忌神) 戌土가 합(合)으로 인해 金으로 바뀌니 화산(火山)이 활동을 멈추고, 하늘까지 덮었던 흙먼지가 사라진다. 시야가 쾌청해지니 스트레스가 해소되어 마음까지도 명랑해진다. 배우자나 자식으로 인한 경사(慶事)를 기대할 수 있다.

* 巳·酉합 → 金

酉金이 날아와 일지 巳火와 巳·酉합을 한다. 쌍합(雙合)이 이루어지는 것이다. (申)·酉·戌 반합이 보조를 맞춰주는 상황이므로 巳·酉합의 효과가 백분 발휘된다. 지상에 있는 불들이 모두 꺼진다. 화산(火山)이 멈춘 상황에서 비를 만난 격이다. 비가 내리니 흙먼지가 가라앉고 계곡 물이 불어나 대지의 열기(熱氣)를 식혀준다. 갈증이 해소되니 발전을 이룩한다.

그러나, 허약한 일주(日主) 乙木이 한꺼번에 많은 金들을 만나기 때문에 금극목(金剋木)의 손상(損傷)이 두렵다. 교통사고, 수술 등의 우려가 꽤 많다.

+㊋상관 -㊍日主 -㊏편재 -㊌편인　　㊍　火　土　金　水
　　　　　　　　　　　　　　　　　　　1　2　3　1　1
丙　乙　己　癸
戌　巳　未　酉
+㊏정재 +㊋상관 -㊏편재 -㊎편관

酉운

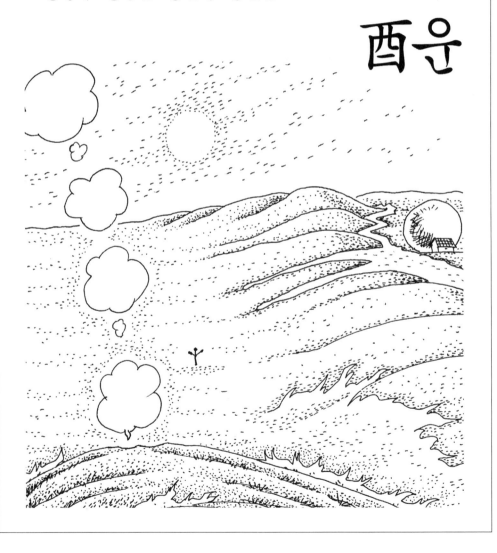

酉운

* 木 약화 - 金 강화(酉·戌 반합 → 金, 巳·酉합 → 金)

날아온 酉金이 흉신 戌土·巳火를 붙잡아서 참신(讖神)인 金으로 변화시켜 흉한 土 집단의 기세를 설기시키니, 이제껏 골치 아팠던 문제를 해결할 수 있다. 그러나 살벌한 金이 판세를 장악하게 되니 허약한 일주(日主) 乙木은 두려움에 떨게 된다.

직장, 건강, 남편, 자식 등에서 발전은 있지만 새로운 문제나 부담도 발생할 수 있다. 치아손상, 수족손상, 교통사고, 수술의 우려가 많고, 소송, 구속 등 관재(官災)를 당할 수 있으니 주의가 필요하다.

* 火 약화 - 土 약화

화산(火山)을 이루고 있던 戌土·巳火의 변질로 흉신 火·土의 기세가 약화된다. 발전할 수는 있지만, 일주(日主)와 가까운 곳에 있는 2개의 지지가 한꺼번에 합(合)에 휩싸이므로 혼란스러움이 있다. 사기(詐欺), 애정문제, 시비구설, 갑작스러운 충돌이 발생할 수 있다.

* 水 강화

金이 살벌하므로 水에 의지하는 게 바람직한 운(運)이다. 문서, 계약, 창업, 이사, 전직(水 인성) 등에 길(吉)함이 있다.

+⓵상관 -⓶日主 -⓵편재 -⓷편인   ⓜ 火 土 金 水
丙 乙 己 癸   1 2 3 1 1
戌 巳 未 酉
+⓸정재 +⓵상관 -⓶편재 -⓰편관

戌운

(21) 戌운

* 木 약화 - 土·金 강화(酉·戌 반합 → 金)

기신(忌神) 戌土가 날아오니 불길한데, 연지 酉金에게 다가가 (申)·酉·戌 반합을 이뤄 金 기운을 강화시켜주니 불행 중 다행이다. 戌土 덕분에 土 세력도 강해지니 화산(火山)의 분출구(噴出口)를 막게 된다. 화염은 줄어드니 시야가 조금 트인다. 작은 소망을 어렵사리 이룰 수 있지만, 투자되는 경비가 만만치 않다. 결혼(結婚)을 하거나, 뇌물공세를 하여 승진(昇進)할 수 있는 운이다. 위장병, 심장병, 시력감퇴, 월경불순의 우려가 있고, 안전사고에도 주의를 기울여야 한다.

* 火 약화

戌土가 화산(火山)의 분출구(噴出口)를 막으니 화염은 줄어들지만 내부 압력이 증가하게 되므로 스트레스가 더욱 강해진다. 애정문제로 인한 시비구설이 발생할 수 있다.

* 水 약화

土·金이 살벌하므로 水의 혜택을 보기는 쉽지 않다. 문서, 계약, 창업, 이사, 전직 등에 주의할 점이 있다.

+㊋상관 -㊍日主 -㊐편재 -㊌편인   ㊍ 火 土 金 水

丙 乙 己 癸   1 2 3 1 1

戌 巳 未 酉

+㊏정재 +㊋상관 -㊏편재 -㊎편관

(22) 亥운

★ 巳·亥 충

희신(喜神) 亥水가 날아와 일지(日支) 구신(仇神) 巳火와 충돌을 한다.

충(沖)으로 인해 巳·亥 모두 충격을 받지만, 따지고 보면 득실(得失)이 같지 않다. 본시 亥水는 희신(喜神)이기 때문에 기대가 큰데, 충돌로 인해 기(氣)가 손상되기 때문에 충(沖)이 결코 반갑지 않은 것이다.

亥水 인성(印星)이 깨지니 기대(期待)를 갖고 추진했던 일들이 중도에서 흔들릴 수 있고, 뜻밖의 퇴직문서, 매도문서, 소환장 등 불리한 문서를 받을 수 있다. 시력감퇴, 심장병, 교통사고, 수술 등이 우려된다.

충(沖)을 당하여 깨지는 巳火가 앉아 있던 자리는 배우자가 안주(安住)하고 있는 일지(日支)였다. 부부문제가 발생할 수밖에 없다. 새로이 불거지는 배우자의 하자(瑕疵)로 인해 부부불화, 이별, 배우자에 대한 부담 등이 발생할 우려가 있다.

巳·亥충이 발생하기는 하지만, 亥水는 희신(喜神)이기 때문에 신중하게 살펴서 도모하면 약간의 발전은 이룰 수 있다.

+㊋상관 -㊍日主 -㊏편재 -㊌편인　　㊍　火　土　金　水

丙　乙　己　癸　　1　2　3　1　1

戌　巳　未　酉

+㊏정재 +㊋상관 -㊏편재 -㊎편관

亥운

亥운

* 木 강화 - 水 강화

귀인이 도우니 일주(日主)가 기세를 회복하지만, 巳·亥충의 여파로 인해 후원(後援)이 원활하지 않다. 중도에서 끊길 수 있으니, 후원 약속을 너무 믿었다가는 낭패를 볼 수 있다. 안전운행이 필요하다.

어느 정도의 성취(成就)를 이룰 수 있으니, 우여곡절 끝에 취직이나 승진 문서를 받을 수 있고, 계약, 창업, 이사, 전직 등의 일에서 작은 발전이 있게 된다. 이동(移動) 가능성이 많다. 본시 水가 허약한 명(命)이기 때문에 항상 水운의 길함에 대해서는 호사다마(好事多魔)를 염두에 두고 신중하게 처신해야 한다.

* 火 약화 - 土 약화

巳·亥충으로 인해, 바닥에 있던 불이 대부분 꺼졌지만, 일주(日主) 바로 아래쪽에 큰 구덩이가 생겨나니 일주(日主)가 구덩이 속으로 빠질까봐 몸을 사린다. 큰 시비 다툼이나 소송(訴訟)이 벌어져 힘들 수 있다.

* 水 강화

문서, 계약, 창업, 이사, 전직 등에 유리함이 있지만, 우여곡절(迂餘曲折)이 숨어 있으니 욕심을 부리지 말고 분수를 지켜라.

저/자/소/개

■ 범전 김춘기 (凡田 金春基)

사단법인 한국역리학회 중앙학술위원
현재 『삼성철학원』 운영
　　　『범전 역리학 강의실』 운영

[저서]
- ■ 『그림으로 배우는 사주원리』 백산출판사
- ■ 『신살격국 총정리』 백산출판사
- ■ 『궁합과 성클리닉』 백산출판사
- ■ 『신세대 궁합코드』 경덕출판사
- ■ 『사주통변실례 ①』 백산출판사
- ■ 사주소설 『개와 늑대의 속궁합』 경덕출판사
- ■ 사주소설 『골프 황제의 19홀』 경덕출판사
- ■ 풍수소설 『명당인가 퐁당인가』 경덕출판사

전화 : 010-4645-4984

그림으로 배우는
사주통변실례 ②

2008년 8월 25일 초판 1쇄 발행
2018년 8월 15일 초판 3쇄 발행

지은이 김춘기
펴낸이 진욱상
펴낸곳 백산출판사
교　정 편집부
본문디자인 박채린
표지디자인 편집부

저자와의
합의하에
인지첩부
생략

등　록 1974년 1월 9일 제406-1974-000001호
주　소 경기도 파주시 회동길 370(백산빌딩 3층)
전　화 02-914-1621(代)
팩　스 031-955-9911
이메일 edit@ibaeksan.kr
홈페이지 www.ibaeksan.kr

ISBN 978-89-6183-098-0　03000
값 17,000원